税理士だからサポートできる！

成年後見ハンドブック

全国女性税理士連盟 編著

清文社

推薦のことば

　我が国では、平成12年４月に新しい成年後見制度が施行されました。この制度は、ノーマライゼーション、自己決定権の尊重、身上保護の重視を基本理念としています。

　私たちが暮らす自由で平等な契約社会は、人々が生活を営むための十分な判断能力を備え、契約など個別の法律行為に対する意思決定を適切に行うことができることを前提としています。しかし、高齢者や障がいがある人のなかには、こうした能力を失ったり持ち合わせていない人もいます。そこで、このような人も十分な判断能力を有する人と同様に、自分らしく尊厳のある人生を送ることができるよう、法的に支援する制度が必要となります。成年後見制度はそのための制度です。

　現在、高齢化への対処と障がいがある人への支援の充実は、国際社会に共通した課題となっています。とりわけ我が国が直面する少子超高齢社会では制度の充実が急務です。

　成年後見制度には、任意後見と法定後見の２つの種類があります。任意後見は、判断能力が十分あるうちに、将来に備えて信頼できる人を自ら選定して契約を結び、依頼する事務の内容を定めておく制度です。

　これに対して法定後見は、判断能力の低下により信頼できる人を自らは選定できず、依頼する事務の内容を決めることも困難な人に対し、家庭裁判所が適切な支援者を選任し、法律で定められた事務を依頼する制度です。

　我が国における制度の利用状況は、家庭裁判所への申立件数で見ると、制度がスタートした平成12年は9,007件、平成27年には３万4,782件と約４倍になっています。しかし、平成27年度における制度の利用者総数は19万1,335件にとどまり、制度を必要とする

人の6分の1程度しか制度にアクセスできていないのが現状であると言われています。
　そこで、制度の改善のために平成28年5月13日には、平成22年に開催された第1回成年後見法世界会議で発せられた「成年後見制度に関する横浜宣言」(Yokohama Declaration、成年後見法分野世界初の宣言)の理念を実現することを目指した「成年後見制度の利用の促進に関する法律」(平成28年法律第29号)が施行され、続いて10月13日には「成年後見の事務の円滑化を図るための民法及び家事事件手続法の一部を改正する法律」(平成28年法律第27号)も施行されました。これにより、制度のさらなる利用促進と不正防止に向けた取組みが強化されようとしています。
　このような状況のなか、長い歴史を通して全国津々浦々の地域で活躍され、多くの国民が厚い信頼を寄せる全国女性税理士連盟の皆様がその知識と経験を活かし、成年後見制度のさらなる普及と発展をめざして本書を出版されたことは、誠に時宜に適ったものといえます。
　本書は、成年後見制度のみならず関連する制度の基礎知識についても豊富な解説があり、税務も含めた実務に関する幅広い様々なノウハウを短期間の内に習得できる工夫が随所に織り込まれています。この点において類書にはない特徴を有しています。
　本書は税理士のみならず、多忙な毎日を送る多くの士業専門職、あるいは法律・福祉・医療・介護など成年後見制度に関係する人々にも役立つ好個の書となっています。

　　　平成29年2月

　　　　　　　　　　　　　　第1回成年後見法世界会議事務局長
　　　　　　　　　　　　　　　　（2010年パシフィコ横浜）
　　　　　　　　　　　　日本成年後見法学会常任理事、国際交流委員会委員長

　　　　　　　　　　　　　　　　高　橋　　　弘

はじめに

　全国女性税理士連盟（女税連）は、昭和33年に全国各地の女性税理士が集い、親睦と研鑽、会員の社会的地位の向上および権益の擁護を目的として組織された、我が国唯一の女性税理士による専門家集団です。

　本年8月に第60回の記念総会を迎える歴史のなかで、私たちの活動は日々の研修から税法・税制についての研究発表、女性の地位向上につながる提言・要望まで多岐にわたり、税法に関する出版も手掛けてきました。

　近年、我が国は超高齢社会となり、税理士としてのみならず生活者としての視点を持つ私たちには、税の問題とともに顧問先をはじめとする納税者の高齢化への対応も必要とされるようになりました。そのような折、平成12年4月に、それまでの禁治産制度に代わり成年後見制度が施行されたのです。

　女税連ではこれに対応し、平成13年に成年後見特別委員会を発足させ、社団法人 成年後見センター・リーガルサポート（現公益社団法人）が主催する女税連のための研修を全国で200名近くの会員が受講しました。また、その知識をさらに深めるため、イギリス・ドイツ視察旅行、西日本支部でのシンポジウム「誰に託しますか？　あなたの老後～成年後見を考える～」の開催、「任意後見ハンドブック～あなたらしく生きるために～」（女税連、平成18年）の作成、日本税理士会連合会への成年後見に関する要望書の提出などといった活動を行ってきました。

　さらに、平成22年に横浜で開催された第1回成年後見法世界会議に参加し、女税連としてポスターセッションを行い、成年後見制度にとって画期的な「成年後見制度に関する横浜宣言」の発表に立ち会うことができました。

女税連が行った研修を受講した会員は全国に及び、それらの会員が種をまき各地の税理士会で芽を出して成年後見支援センターの運営、相談委員や成年後見人等として活躍するほか、家庭裁判所での参与員などの経験を積んでいます。

　このたび、当連盟の創立60周年を記念して、株式会社清文社の協力のもと、女性税理士ならではの視点で成年後見に関する書籍を出版することになりました。本書は単なるノウハウ書ではなく、会員の顧問先や家族とともに悩んだり励ましあったりして問題に取り組んだ歴史が行間に溢れています。

　奇しくも平成28年5月の「成年後見制度の利用の促進に関する法律」の施行および平成28年10月の改正民法の施行と執筆時期が重なったために、その一部も取り込むことができました。

　最後になりましたが、本書の執筆にあたりましては、女税連の社会貢献特別委員会において活発な意見交換を行うとともに、全国の女性税理士にも、ご自身の成年後見の経験に基づきご協力をいただきました。さらに本書の編集では、清文社の皆様に叱咤激励されながら進めてきました。この場をお借りして皆様に深い感謝の意を表します。

　本書をきっかけに成年後見人等養成研修を受講する税理士が増え、本制度が発展するとともに我が国の社会がよりよきものになりますよう祈念いたします。

　　平成29年2月

全国女性税理士連盟
会長　伊藤　佳江

目 次

推薦のことば
はじめに

本書のご利用にあたって
    1 　本書の目的　i
    2 　超高齢社会とその問題点　ii
    3 　成年後見制度が税理士業界に及ぼす影響　ii
    4 　税理士に期待される取組み　iii

第1章 成年後見制度の概要

Ⅰ 成年後見制度の全体像　2

    Q1 　成年後見制度の理念と概要　2
    Q2 　法定後見制度の仕組み　6
    Q3 　任意後見制度の仕組み　12
    Q4 　成年後見登記制度の仕組み　16
        Column　成年後見利用者数の推移　19
    Q5 　成年後見人等の選任　21
    Q6 　成年後見監督人等と任意後見監督人の役割　24
    Q7 　親族後見人の位置付け　27
    Q8 　法人後見の位置付け　30
    Q9 　専門職後見人の位置付け　34
    Q10 　市民後見人の位置付け　36
        Column　成年被後見人等の郵便物管理　39

Ⅱ 任意後見制度の利用 ……………………………………………… 40

Q11 任意後見契約書の作成　40

Q12 税理士が受任する場合の任意後見契約　47

Q13 任意後見契約の上手な利用　50

Q14 任意後見契約書の作成と留意点　52

Q15 任意後見報酬と税理士業務報酬　60

Q16 任意後見監督人の選任申立手続　63

Q17 任意後見監督人の職務　66

Q18 任意後見契約の解除　68

Q19 任意後見契約登記後の法定後見の申立て　70

Q20 本人または任意後見人の死亡に伴う手続　71

第2章 税理士による成年後見制度への関与

Ⅰ 税理士による成年後見への取組み ……………………………… 74

Q21 顧問先の事業承継への関与　74

Q22 個人事業主の「万が一」への備え　80

Q23 社長が認知症になった場合の対応　83

Q24 親族が受任する場合の注意点　86

Q25 税理士が受任する場合の注意点　94

Q26 家庭裁判所への対応　99

Column　参与員の役割　102

Ⅱ 成年被後見人等が死亡した場合 ……………………………… 103

Q27 成年被後見人等の死亡時の手続　103
　　Q28 成年被後見人等の死亡時の事務報告　106
　　Q29 成年後見人等の管理財産の引渡し　108
　　　Column　空き家対策　111
　　Q30 成年被後見人等に相続人がいない場合の対応　112
　　　Column　戸籍などの職務上請求書　114

Ⅲ 後見事務に対する報酬 …………………………………… 115
　　Q31 報酬付与の申立手続と報酬額　115
　　Q32 専門職後見人の報酬のめやす　117
　　Q33 助成金制度の活用　120

第3章 成年後見制度の税務と法務

Ⅰ 成年後見制度と税務 …………………………………… 124
　　Q34 成年被後見人等の所得と税務　124
　　　Column　成年後見に関連する国税庁の文書回答事例　126
　　Q35 成年被後見人等の居住用不動産の処分と税務　127
　　　Column　居住用不動産　131
　　Q36 成年被後見人等の死亡時の税務　132
　　Q37 保佐人から税務申告を依頼された場合　135
　　　Column　高齢者との取引　137

Ⅱ 成年後見制度と法務 …………………………………… 138

Q38 株主が成年被後見人となった場合　138

Q39 遺言書を作成する際の注意点　142

　　Column　遺言執行報酬　149

Q40 遺贈と死因贈与の相違点　150

第4章 認知症患者や障がいのある人へのサポート

I 認知症患者などを支える取組み　154

Q41 介護サービスと介護保険の仕組み　154

Q42 入所施設の選び方　161

　　Column　老人ホーム体験談　164

II 障がい者を支える取組み　165

Q43 障害福祉サービスの相談窓口　165

Q44 障害福祉サービスの利用手続　168

Q45 入居施設などの種類と特徴　170

　　Column　成年後見制度の対象者とその特性　174

第5章 税理士が成年後見人等になるために

I 税理士会の取組み　178

Q46 成年後見制度に関する研修　178

Q47 成年後見人等に推薦・選任されるまでの手続　181

II 税理士が成年後見人等になる場合の手続　184

Q*48* 家庭裁判所への提出書類の準備　184
　　Q*49* 初回報告書類の作成・提出　187
　　Q*50* 後見等事務報告書などの提出　188
　　　　Column　マイナンバーと成年後見の関わり　190

第6章 成年後見をサポートする新制度

Ⅰ 成年後見と信託……………………………………………192
　　Q*51* 後見制度支援信託の仕組み　192
　　Q*52* 民事信託によるサポート　196
　　Q*53* 民事信託の活用　200
　　Q*54* 認知症対策としての信託利用　204

Ⅱ 成年被後見人等を支える制度……………………………206
　　Q*55* 成年後見制度利用促進法の創設　206
　　Q*56* 障害者総合支援法の改正　210

＊本書は平成29年2月1日現在の法令等によっています。

【本書で使用する用語】

本書では、混同しやすい語句について下記のように用いています。

なお、この用語は法律上の語句とは異なっています。

- 成年後見人…………「成年後見人」の単称
- 成年後見人等………「成年後見人」「保佐人」「補助人」の総称
- 成年被後見人………「成年被後見人」の単称
- 成年被後見人等……「成年被後見人」「被保佐人」「被補助人」の総称
- 本人…………………任意後見で支援される人
- 対象者………………「成年被後見人等」「本人」の総称
- 成年後見監督人……「成年後見監督人」の単称
- 成年後見監督人等…「成年後見監督人」「保佐監督人」「補助監督人」の総称

【本書の関係資料】

本書中で **Web** マークを付した資料は、清文社ホームページ内の特設サイト「成年後見ハンドブック・関係資料集」に掲載しています。資料の一覧は次ページを参照してください。

●本書特設サイト「成年後見ハンドブック・関係資料集」掲載資料一覧

＊　カッコ内は本書の該当ページを示しています。

第1章　成年後見制度の概要
- 監督事務報告書（26）
- 業種別成年後見担当窓口等一覧（35）
- 任意後見契約公正証書（例2）（53）
- 継続的見守り契約書（例）（53）

第2章　税理士による成年後見制度への関与
- 特別代理人選任申立書（92）
- 居住用不動産処分許可申立書（99）
- 連絡票（101）
    〔参考〕裁判所への連絡方法について
- 死後事務許可申立書（105）
- 引継書（113）
- 家事審判申立書（成年後見人の報酬付与）（116）
- 報酬付与申立事情説明書（116）

第3章　成年後見制度の税務と法務
- 代理権付与申立書（保佐類型）（135）
    〔参考〕代理権付与申立書（補助類型）

- 臨時保佐人選任申立書（136）
    〔参考〕臨時補助人選任申立書

第5章　税理士が成年後見人等になるために
- 成年後見人選任申立書（185）
- 保佐人選任申立書（185）
- 補助人選任申立書（185）
- 申立事情説明書（185）
- 申立時財産目録　記載例（185）
- 後見人等候補者事情説明書（185）
- 初回報告財産目録　記載例（187）
- 初回報告年間収支予定表　記載例（187）
- 後見等事務報告書（188）
- 初年度報告収支状況報告書　記載例（188）
- 初年度報告財産目録　記載例（189）
- 報告書（一時金交付）（194）
- 郵便物等の回送嘱託申立書（209）
- 郵便物等の回送嘱託取消し・変更申立書（209）

〈資料のダウンロード方法〉
① 　清文社ホームページ特設サイト（http://www.skattsei.co.jp/topics/seinen_kouken/index.html）に直接アクセスするか、清文社ホームページのトップ下部にある「『成年後見ハンドブック』関係資料集」のバナーをクリック。
② 　特設サイトの当該資料名をクリックして資料をダウンロード。

本書のご利用にあたって
―税理士の成年後見制度への取組み―

1 本書の目的

　我が国は超高齢社会を迎え、私たち税理士の顧問先である納税者にも高齢者が増えています。高齢化する顧問先の経営者などにどのように対応するかは、税理士にとって大きな課題といえます。そのため、税に携わる私たちも、今まではあまりなじみのなかった成年後見制度に正面から取り組まざるを得なくなっています。

　本書は、顧問先などにとって一番身近な相談相手である税理士の視点から、成年後見制度にアプローチするための参考になればと執筆したものです。

　成年後見制度といえば、弁護士・司法書士・社会福祉士などの専門職が活躍しています。税理士もその例外ではなく、制度に関連する知識がないと業務に支障をきたす場合もあります。

　税理士の立場から納税者の利益を考えるとき、この制度を適用すればすべてが解決するわけではありません。そこで、成年後見制度を利用する際のメリット・デメリットや、将来的に利用する可能性がある場合に大変有効です。本書では、そうした心遣いや仕組みを女性税理士の経験から紹介しています。

　成年後見制度に関する類書にはない本書の特色は次の点に言及していることです。

- 高齢になったら準備しておくべきこと
- 成年後見制度を利用するかどうかの判断
- 顧問先の経営者など利用者はもとより関係者の対応

2 超高齢社会とその問題点

　平成27年の国勢調査では、65歳以上の高齢者人口が総人口の26.7％を超えました。そのため、年金や医療など社会保障に関連する財政の問題が大変重要となってきています。

　それだけでなく、社会生活の面でも今までのパターンでは解決できない問題があります。我が国は現在、複雑な契約社会にあり、銀行をはじめとする金融機関などではITを使った様々なサービスを提供することによって利便性が向上しています。一方で、高齢者や障がい者のための施策においては介護サービスや福祉サービスの選択、契約などサービスを利用する人の判断を要求する仕組みになっています。

　このように高齢者が増加するなかで、アルツハイマー病などが原因で認知機能に低下をきたす人が増えています。認知機能の低下により自らの判断能力が劣ってしまったからといって、社会のなかで生活しないわけにはいきません。しかし、「振り込め詐欺」をはじめとして高齢者が財産を奪われたり、あるいは虐待を受けたりする事例も報告されています。

　こうした状況にある高齢者には何らかの法的な手助けが必要となります。その代表的なものが成年後見制度です。

　諸外国では人口の約１％がこの制度に類似した仕組みを利用しており、近いうちに我が国でも成年後見制度の利用者が100万人を超えると予想されます。

3 成年後見制度が税理士業界に及ぼす影響

　認知症などで成年後見制度を利用する高齢者が増加することは、私たちの税理士業界にも少なからず影響を与えています。

　相続税申告にあたって、納税者である被相続人の配偶者が成年被

後見人であった場合などには、成年後見制度に関する知識不足が業務に多大な不利益を及ぼす恐れがあります。

4　税理士に期待される取組み

　税理士は記帳を中心とした会計と税務申告を中心とした業務のみを行っているわけではありません。近年はITの進展により会計が合理化されたことで、私たち税理士業界は会計・税務だけを行っていては先細りしてしまうと考えられます。

　一方、税理士が今までに培ってきた地域や中小企業に対する信頼性から、公益的業務に対する要請は日々高まっています。そのため、多くの税理士が登録政治資金監査人や地方公共団体の外部監査人などに就任し、活躍しているのです。

　また、地域に密着した一番身近な相談相手として、顧客である中小企業の社長に成年後見制度を紹介する場合や、家庭裁判所からこの制度に関して参与員に指定されるなど、税理士が成年後見制度に関わるケースも増えてきています。

　現在、約7万7,000人の税理士が全国で活躍しています。私たちは、一定の法律知識があり、業務の専門性から税を扱うという公共的使命を持った倫理観の強い職業集団です。これから見込まれる成年後見制度の利用者数の爆発的な増加に際しては、税理士の存在がますます注目され、期待されているのです。

＊

　本書はQ＆Aで構成されているため、知りたい項目のみでも読んでいただくことができます。

　成年後見の経験が豊富でなく、後見業務や顧問先からの問い合わせに対する回答に不安がある方は、最初から読んでいただくことをお勧めします。

第1章

成年後見制度の概要

Ⅰ 成年後見制度の全体像

1 成年後見制度の理念と概要

Q 最近注目されている成年後見制度とは、どのような制度ですか。また、創設された経緯を教えてください。

A 成年後見制度とは、高齢者など判断能力が十分でない人の財産を管理し、身上を保護するため法的にバックアップする制度の総称で、①法定後見制度、②任意後見制度、③後見登記制度から成り立っています。

1 成年後見制度創設の経緯

　明治時代から続いてきた、心神喪失者等の保護を目的とする禁治産・準禁治産制度は、家の財産（家産）の保護に重点が置かれ、戸籍に記載されることによるプライバシーの侵害など問題点が多く使いにくいものでした。そのため、判断能力が十分でない人の支援を行うことを目的として、平成12年4月の民法改正に伴い「任意後見契約に関する法律」「後見登記等に関する法律」が施行され、現在の成年後見制度になりました。

2 成年後見制度の基本理念

　創設された成年後見制度は、大きく以下の3つの基本理念から成

り立っています。

[1] ノーマライゼーション

ノーマライゼーションとは、判断能力が十分でない人もその人らしく通常の生活を送ることができるようにすることをいいます。言い換えれば、判断能力が十分でなくても、社会のなかでともに暮らし、ともに生きようという考え方のことです。

[2] 自己決定権の尊重

判断能力が十分でないとしても、本人の意思や希望を無視することはできません。支援する側の都合や財産の有無で判断するのはもってのほかといえます。できるだけ本人の意思を尊重し、その状態により意思の確認が難しいときは、過去の記録や周囲の状況にも配慮しながら、可能な限り本人の意思や想いを引き出すようにします。

[3] 身上保護の重視

身上保護とは、成年後見人等および任意後見人が本人の生活・医療・介護などに関する契約や手続を行うことです。禁治産制度とは違って、成年後見制度においては本人の生活・医療・介護を支えるためのマネジメントが必要であるとされており、財産管理と身上保護は表裏一体のものとなっています。

＊

成年後見制度は、欧米ばかりでなく台湾や韓国をはじめとするアジアの国々でも法制化されています。特に高齢化の進行した先進国では、その活用をめぐって様々な動きがあります。

我が国でも、平成28年5月に成年後見制度の改善と利用拡大を目的とした「成年後見制度の利用の促進に関する法律」（成年後見

第1章　成年後見制度の概要

制度利用促進法）が施行されました。成年後見制度はこれからの我が国にとって必要不可欠な制度と考えられているのです。この法律の概要についてはQ55を参照してください。

●補助・保佐・成年後見・任意後見の概要（比較表）

後見類型等		法定後見			任意後見
		補　助	保　佐	成年後見	
要件	対象となる人	精神上の障がいにより判断能力が不十分	精神上の障がいにより判断能力が著しく不十分	精神上の障がいにより判断能力を欠く常況	判断能力のある段階で契約し、不十分な状態で開始
	具体例	重要な財産行為に関して自分で適切にできるか危惧あり	日常の買物程度はできるが、重要な財産行為は自分ではできない	日常の買物も1人ではできない程度	判断能力が法定後見の補助・保佐・成年後見のいずれかに該当する程度に不十分な状態
		物忘れがあるが、自身にもその自覚がある	物忘れがしばしばあるが、自身に自覚がない	家族の名前・自分の居場所がわからない	
	鑑定などの要否	医師などの意見聴取が必要	原則として鑑定が必要	原則として鑑定が必要	契約時は不要
申立ての手続	申立権者	成年被後見人等となる人、配偶者、四親等内の親族、他の類型の援助者・監督人、検察官、任意後見受任者、任意後見人、任意後見監督人、市区町村長			成年被後見人等となる人、配偶者、四親等内の親族、任意後見受任者
	対象となる人の同意	必要	不要	不要	原則として必要
機関	援助者	補助人	保佐人	成年後見人	任意後見人
	監督人	補助監督人*	保佐監督人*	成年後見監督人*	任意後見監督人
同意権・取消権	付与の対象	申立ての範囲内で家庭裁判所が定める「特定の法律行為」（民法13条1項所定の行為の一部）	民法13条1項所定の行為	すべての法律行為の取消権（同意権なし）	―
		日用品の購入などの日常生活に関する行為については除く			

4

1　成年後見制度の理念と概要

同意権・取消権	付与の手続	補助開始の審判＋同意権付与の審判＋対象となる人の同意	保佐開始の審判	後見開始の審判	－
	取消権者	被補助人・補助人	被保佐人・保佐人	成年被後見人・成年後見人	－
代理権	付与の対象	申立ての範囲内で家庭裁判所が定める「特定の法律行為」	申立ての範囲内で家庭裁判所が定める「特定の法律行為」	財産に関するすべての法律行為	契約で定めた範囲の法律行為
	付与の手続	補助開始の審判＋代理権付与の審判＋被補助人の同意	保佐開始の審判＋代理権付与の審判＋被保佐人の同意	後見開始の審判	家庭裁判所の任意後見監督人選任により発効
責務	援助者の責務	対象となる人の意思の尊重、対象となる人の心身の状態および生活の状況に配慮（身上配慮義務） 民法858条・876条の5第1項・876条の10第1項、任意後見契約法6条			
登記	後見登記	東京法務局で全国の成年後見登記事務を集中的に取り扱う			
費用	申立費用	収入印紙800〜2,400円（申立書に貼付）			
	郵送料	実費			
	登記費用	収入印紙2,600円			
	鑑定費用	診断書など（原則として鑑定不要）	5〜10万円程度		診断書など
	公正証書作成費	－			11,000円
	登記嘱託手数料	－			1,400円
添付書類	申立人	戸籍謄本（成年被後見人等となる人以外の申立ての場合）			－
	対象となる人	戸籍全部事項証明書、戸籍の附票、登記事項証明書、診断書			同左＋任意後見契約公正証書の写し＋任意後見契約の登記事項証明書
	後見人等候補者	戸籍全部事項証明書、住民票、身分証明書、登記事項証明書			

＊必要に応じて選任。
(注) 1　各裁判所により、申立てに関する費用や手続などは異なる場合があるので確認してください。
　　 2　小林昭彦 他 編『一問一答 新しい成年後見制度―法定後見・任意後見・成年後見登記制度・家事審判手続等、遺言制度の改正等の解説』商事法務（2006）および額田洋一『こうして使おう新成年後見制度〔第2版〕』税務経理研究会（2006）を参考に作成。

2 法定後見制度の仕組み

Q 法定後見制度について教えてください。

A 判断能力が不十分になった人を法律面・生活面で支援するために、成年被後見人等となる人や家族が家庭裁判所に申立てをして成年後見人等を選任してもらう制度です。

1 法定後見制度における3つの類型

判断能力の程度など成年被後見人等となる人の事情に応じて、補助、保佐、成年後見の3つの類型のいずれかを家庭裁判所が決定します。

① 補　助

　精神上の障がいにより事理弁識能力(注)が不十分である人(被補助人)を保護・支援する制度です。家庭裁判所の審判によって、特定の法律行為について家庭裁判所が選任した補助人に同意権・取消権や代理権を与えることができます。必ず被補助人の同意を要すること、また、何らの資格制限がないところに特徴があります。

　(注)　事理弁識能力：知的能力、狭義の事理弁識能力(日常的な事柄を理解する能力)、社会適応能力の3つの概念をすべて総合した広義の判断能力を示す趣旨で規定されたものであり、いわゆる「制御能力」(認識の内容に従って自己の行動を制御する能力)もその判定の考慮対象に含まれています。

② 保　佐

　精神上の障がいにより事理弁識能力が著しく不十分である人(被保佐人)を保護・支援する制度です。お金を借りたり、保証人に

なったり、不動産を売買するなど法律で定められた一定の重要な行為について、被保佐人または保佐人が後から取り消すことができます。

③　成年後見

　精神上の障がいにより事理弁識能力を欠く常況にある人（成年被後見人）を保護・支援する制度です。家庭裁判所が選任した成年後見人が、成年被後見人の利益を考えながら、成年被後見人を代理して契約などの法律行為を行ったり、成年被後見人が行った不利益な法律行為を取り消したりすることができます。

＊

　なお、上記の3つのどの類型においても、自己決定権の尊重の観点から、日用品（食料品や衣料品など）の購入など「日常生活に関する行為」については取消しの対象にはなりません。

2　制度利用に伴う手続

　成年後見制度の利用に伴って以下のような手続が発生します。

［1］申立てから審判までの流れ

　法定後見を開始する際は家庭裁判所に申立てを行い、開始の審判を受ける必要があります。

①　申立て

　申立権者（成年被後見人等となる人、配偶者、四親等内の親族、検察官、市区町村長など）が管轄の家庭裁判所に申立てをします。

②　受理面接

　申立時に、家庭裁判所による申立人や成年後見人等候補者の面接が実施されます。

③　調査・鑑定

　申立てと同時に審理が開始されます。その際に家庭裁判所により

申立人や成年被後見人等となる人、そして成年後見人等候補者の調査や判断能力についての鑑定が行われます。

④ 審判・告知

審判が下されると、申立てをした家庭裁判所から成年後見人等に選任される人に告知されます。

⑤ 審判確定

成年後見人等に選任される人が審判書を受け取った日から2週間を経過すると審判は確定します。

⑥ 後見登記

審判が確定して後見登記のファイルに記録されると、家庭裁判所から登記番号が成年後見人等に通知されます。

［2］法定後見の終了

法定後見が終了すると成年後見人等は、管理の計算（その時点における管理財産額の算出）、後見終了の登記申請、財産の引渡し、家庭裁判所への報告などの職務を行わなければなりません。

① 法定後見が終了する原因

法定後見が終了する原因としては次の4つがあげられます。
- 成年被後見人等の死亡・失踪宣告
- 成年後見人等の辞任・解任
- 成年後見人等が欠格事由に該当
- 事理弁識能力の回復による審判の取消し

② 管理の計算

「管理の計算」とは、成年後見人等が成年被後見人等に代わって管理していた財産の収支を明確にし、有高を明確にすることです。2か月以内に収支状況報告書と財産目録を作成して家庭裁判所に報告します。

③ 終了の登記

法定後見が終了したときには、「終了の登記」を東京法務局に申請します。

3 成年後見人等の主な職務

成年後見人等の主な職務は以下のとおりです。

［1］就任直後の職務

成年後見人等に選任されたらただちに次の職務を行います。
- 対象者に関する情報の収集および対象者の財産の引継ぎ
- 金融機関や各種機関への届出
- 財産目録・収支状況報告書の作成

［2］就任中の職務

成年後見人等に就任している間に行う職務は次の2つに大別されます。

① 身上監護事務

身上監護事務とは、次のように成年被後見人等の生活の維持や介護に関わる事務を指します。
- 介護契約の締結
- 施設への入所契約や診療契約の締結

② 財産管理事務

財産管理事務とは、次のように成年被後見人等の財産を管理保護するための事務です。
- 預貯金の管理や払戻し
- 不動産の売買や賃貸借
- 不動産に対する抵当権の設定

［3］職務に該当しないもの

次の行為は成年後見人等の職務とはなっておらず、その権限で行うことはできません。
- 医療侵襲を伴う医療行為に対する同意権
- 居所指定権
- 婚姻の合意などの身分行為
- 一身専属権
- 身元引受け・身元保証

4 成年後見人等の権限

成年後見人等に付与される権限は次のとおりです。
- 同意権：成年被後見人等が契約などの法律行為をするときにそれを承諾する権限です。
- 取消権：成年被後見人等が行った法律行為などを取り消す権限ですが、類型ごとにその範囲は異なります（詳細はＱ１の表を参照）。
- 代理権：成年後見人等が成年被後見人等に代わって取引や契約などの法律行為を成年被後見人等のためにする権限です。

5 成年後見人等の義務

成年後見人等の義務は次のとおりです。
- 善管注意義務：成年後見人等は委任の本旨に従い、善良な管理者の注意をもって後見事務を処理する義務を負います。
- 身上配慮義務：成年後見人等は、成年被後見人等の生活、療養介護および財産の管理に関する事務を行うにあたっては、成年被後見人等の意思を尊重し、かつ、その心身の状態および生活の状況に配慮しなければなりません。

2 法定後見制度の仕組み

●法定後見の手続の流れ

```
┌──────────────┐
│ 判断能力の低下 │
└──────┬───────┘
       │
```

　　　　補　　助：判断能力が不十分な場合
　　　　　　　　　財産行為はだいたい自分でできますが、難しい
　　　　　　　　　契約などは援助が必要な程度です。
　　　　保　　佐：判断能力が著しく不十分な場合
　　　　　　　　　日常の買物はできますが、重要な財産行為は自
　　　　　　　　　分ではできない程度です。
　　　　成年後見：判断能力を欠く常況
　　　　　　　　　日常の買物も1人でできないので、誰かに代わっ
　　　　　　　　　てやってもらう必要がある程度です。

　　　（注）　いずれの場合にも、日常生活に関する行為を取り消す
　　　　　ことはできません。日常生活に関する行為とは、食料品・
　　　　　衣料品・日用雑貨品の購入など日常生活に通常必要な行
　　　　　為をいいます。

```
┌─────────────────────────────────────────┐
│ 家庭裁判所に法定後見（補助・保佐・成年後見のいずれか）開始の申立て │
└────────────────┬────────────────────────┘
                 ↓
┌──────────────┐
│ 家庭裁判所の手続 │
└──────┬───────┘
       │   申立ての受付 ──→ 申立ての審査 ──┐
       │        ↓                          │
       │   審判手続 ──→ 裁判所の決定（審判） ┘
       ↓
  ┌────────┐      ┌────────┐
  │ 認　容  │      │ 却　下  │
  └───┬────┘      └────┬───┘
      │                 ↓
      │            ┌────────┐
      │            │ 即時抗告 │
      │            └────────┘
      ↓
┌──────────┐    ┌────────┐
│ 審判確定  │──→│ 登　記 │
└────┬─────┘    └────────┘
     ↓
┌─────────────────────┐    ┌────────┐
│ 死亡など⇒法定後見の終了 │──→│ 登　記 │
└─────────────────────┘    └────────┘
```

（出所）　全国女性税理士連盟「誰に託しますか？　あなたの老後〜成年後見を考える〜」

3 任意後見制度の仕組み

Q 任意後見制度について教えてください。

A 本人の判断能力があるときに、将来、判断能力が不十分となった場合に備え、あらかじめ信頼できる代理人を任意後見人とし、援助の範囲を定めたうえで公正証書により任意後見契約をしておく制度です。

1 任意後見制度の3種類の利用形態

任意後見契約は締結してから発効するまで時間差があるため、本人の状態や支援に対する希望により、将来型、移行型、即効型の3種類の利用形態が考えられます（Q12参照）。

2 任意後見契約の流れと手続

任意後見契約の流れと手続は以下のとおりです。

［1］任意後見契約の締結

任意後見契約を締結する際には次の点に注意します。

① 公正証書の作成

任意後見契約は、本人と任意後見人が合意した内容に沿って、法務省令で定める公正証書によって作成しなければなりません。

② 契約の内容

絶対的記載事項として、本人が支援を必要とする状態になった場

合の具体的な委任事務と代理権の範囲を決めます。

[2] 任意後見事務の開始

本人の事理弁識能力が不十分な状態になったときに、家庭裁判所は申立権者の請求により任意後見監督人を選任し、任意後見人による任意後見事務が開始されます。

[3] 任意後見契約の終了

任意後見契約は、以下の３つの原因のいずれかによって終了します。

① 任意後見契約の解除

任意後見契約は、任意後見監督人の選任前は公証人の認証を受けた書面によっていつでも相方が解除できますが、選任後は正当な理由がある場合に限り家庭裁判所の許可を得て解除することができます。

② 任意後見人の解任

任意後見人にその任務に適しない事由があるとき、家庭裁判所は任意後見監督人、本人、その親族または検察官の請求により任意後見人を解任することができます。

③ 民法上の委任の終了原因

民法653条が定めた委任の終了原因と同様、本人や任意後見人が死亡・破産した場合や任意後見人が後見開始の審判を受けたときに契約は終了します。

3 任意後見人の後見事務

任意後見人は任意後見契約で受任した次の後見事務を行います。
- 財産管理：銀行取引事務、不動産などの管理、保存、処分
- 身上監護：病院に関する手続、介護保険に関する手続、施設に関する手続など

- 任意後見終了の登記：第三者が思わぬ損害を被る恐れがないよう、善意の第三者への対抗要件として任意後見終了の登記をしなければなりません。

4 任意後見人の権限

任意後見人の権限は契約時に決めた代理権のみで、同意権・取消権はありません。任意後見制度を上手に利用するために、任意後見を受けようとする人はできるだけ自分の希望する生き方やライフプランを明確にし、それを実現するためには何が必要かということを検討したうえで代理権目録を作成します。

5 任意後見人の義務

任意後見人には次のような義務があります。
- 善管注意義務：任意後見人は委任の本旨に従い、善良な管理者の注意をもって後見事務を処理する義務を負います。
- 身上配慮義務：任意後見人は、本人の生活、療養看護および財産の管理に関する事務を行うにあたっては本人の意思を尊重し、かつ、その心身の状態および生活の状況に配慮しなければなりません。

6 別途委任契約との併用

任意後見契約に加えて、別途、次の契約等を加えることで本人の意思を補完することが可能となる場合があります。
- 継続的見守り契約
- 死後事務等委任契約
- 遺言書

3 任意後見制度の仕組み

●任意後見契約の手続の流れ

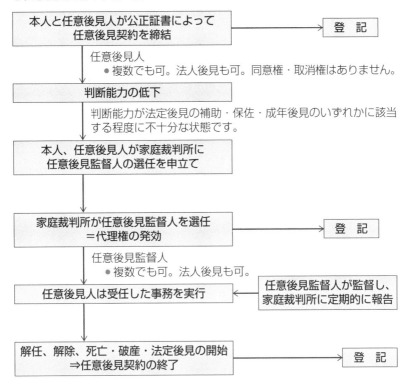

(出所) 全国女性税理士連盟「誰に託しますか？ あなたの老後～成年後見を考える～」

4 成年後見登記制度の仕組み

Q 成年後見登記制度について教えてください。

A 成年後見登記制度とは、法定後見や任意後見契約の内容などを登記し、その登記情報を開示する制度です。

不動産登記などと異なり、法定後見であれば開始の審判時に家庭裁判所が、任意後見であれば公正証書の作成時点で公証人がそれぞれ東京法務局に登記を嘱託するため、成年後見制度を利用している場合は必ず登記されます。

1 成年後見登記制度の趣旨

平成12年4月に成年後見制度がスタートするまでは禁治産・準禁治産制度がありました。しかし、この制度の対象となる人はある程度重い精神上の障がいがある人とされていたうえ、禁治産および準禁治産の宣告を受けると戸籍に記載されるといった問題点が指摘されていました。そのため、関係者が制度の利用に抵抗を感じてしまっていたのです。

そこで、戸籍への記載に代えて成年後見登記制度が誕生したのです。

2 登記の嘱託

家庭裁判所や公証人の嘱託によって東京法務局後見登録課が法定後見・任意後見の登記を行います。

[1] 家庭裁判所による登記

　法定後見の開始の審判や任意後見監督人の選任の審判の登記を行います。

[2] 公証人による登記

　任意後見契約の公正証書を作成して登記を行います。

3 変更の登記、終了の登記

　変更の登記および終了の登記は、対象者の親族などの利害関係人が申請することとなります。東京法務局の後見登録課に直接申請するほか、書留郵便で行うこともできます。

[1] 変更の登記

　登記されている対象者・成年後見人等および任意後見人・任意後見受任者は、登記後の住所変更などにより登記内容に変更が生じたときは、変更の登記を申請する必要があります。

[2] 終了の登記

　対象者の死亡などにより法定後見または任意後見が終了したときは、終了の登記を申請する必要があります。

4 登記事項証明書などの交付請求

　窓口での登記に関する証明書の交付請求は、東京法務局の後見登録課および東京法務局以外の各法務局や地方法務局の戸籍課で取り扱っています。また、申請書に収入印紙を貼り、必要な添付書面と返信用封筒を同封すれば、郵送で交付請求を行うこともできます。

　証明書の交付を請求できるのは、取引の安全性の確保と対象者の

第1章　成年後見制度の概要

プライバシー保護の調和を図る観点から、対象者・その配偶者・四親等内の親族・成年後見人等および任意後見人・任意後見受任者に限定されています。また、対象者から委任を受けた代理人も、対象者に代わって証明書の交付を請求することができます。

［1］登記事項証明書の交付請求

　成年後見人等および任意後見人が対象者に代わって財産の売買契約や介護サービス提供契約などを締結するときに、取引の相手方に対して登記事項の証明書を提示することによって、その権限などを確認してもらうために証明書の交付を請求します。

●成年後見登記制度のイメージ

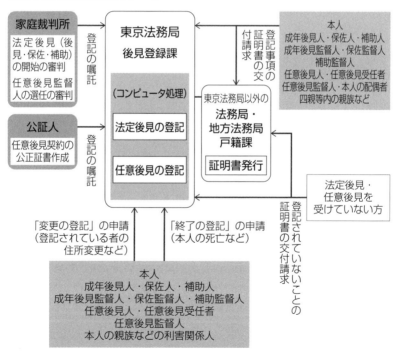

（出所）　法務省ホームページ「成年後見制度〜成年後見登記制度〜」

[2] 登記されていないことの証明書の交付請求

成年後見制度を利用していない人が成年被後見人等でないことが条件となっている資格を取得・更新する際など、自己が登記されていないことの証明が必要となったときには、「登記されていないことの証明書」を請求することができます。

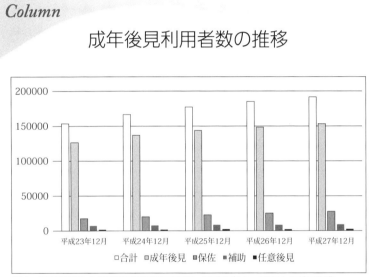

Column

成年後見利用者数の推移

（注）　最高裁判所「成年後見関係事件の概況－平成27年１～12月」を基に作成。

平成27年12月末日において成年後見制度の利用者数の合計は19万1,335人となり、前年に比べて約3.6％増加しています。利用者数が一番多いのは成年後見で全体の約80％、最も少ない任意後見については全体の1.17％という状況です。

成年被後見人や被保佐人になると資格制限を受けることになります。たとえば、会社役員の資格を失いますので、取締役や監査役などは辞めなければなりません。また、専門資格も喪失しますので、弁護士、公認会計士、司法書士、医師、税理士などを続けることも

できなくなります。

　一方、被補助人は判断能力が低下しているものの、補助人の同意などを得ることで取引などができますので、資格制限がありません。

　このようなことを踏まえ、平成28年5月に施行された成年後見制度利用促進法では、成年後見制度のうち利用が少ない保佐および補助の利用を促進するための方策について検討を加え、必要な措置を講ずることを基本方針に掲げています。

　また同法では、任意後見制度についても積極的に活用されるように利用状況を検証し、適切かつ安心して利用されるために必要な制度の整備などの必要な措置を講ずることを掲げています。

　成年後見制度に対する国民の関心と理解を深めるとともに、制度を必要とする人が十分に利用できるようにするため、国民に対する周知および啓発のために必要な措置が迅速に行われることが望まれています。

5 成年後見人等の選任

Q どのような人が成年後見人等になれますか。

A 成年後見人等は、成年被後見人等のためにどのような保護・支援が必要かなどの事情に応じて家庭裁判所から選任されます。成年後見人等は、成年被後見人等の親族以外に法律・福祉の専門家その他の第三者、福祉関係の公益法人などの法人が選ばれる場合もあります。成年後見人等については複数選任することも可能です。

また、成年後見人等を監督する成年後見監督人等が選ばれることもあります。

1 法制度上の分類

法定後見制度における直接的な支援者を「法定後見人」と呼びます。法定後見制度は成年被後見人等の判断能力の程度に応じて補助、保佐、成年後見の3つの類型に区分されています。各類型における支援者は、それぞれ「補助人」「保佐人」「成年後見人」と呼ばれています。任意後見制度における「任意後見人」とあわせて全部で4種類の支援者がいます。

2 親族後見人と第三者後見人

成年後見人等を成年被後見人等との社会的関係から分類すると、「親族後見人」と「第三者後見人」の2つに分類することができま

す。

［1］親族後見人

　親、子、配偶者、兄弟姉妹など成年被後見人等の親族が成年後見人等となることです。

［2］第三者後見人

　第三者後見人は、その特性から次の3つに分類されます。
①　法人後見人
　社会福祉法人、社会福祉協議会、NPO法人などの組織が成年後見人等になります。個人ではなく法人として受任するので、担当者に何かあった場合でも他の人が対応することができます。
②　専門職後見人
　弁護士、司法書士、社会福祉士、税理士、行政書士などが成年後見人等になることです。成年後見人等として特別な資格が必要なわけではありませんが、専門職としての職能を活かすことで活動しています。
③　市民後見人
　社会貢献への意欲や倫理観が高い一般市民であり、成年後見に関する一定の知識や技能・態度を身に付け、自治体などの研修を受けた成年後見人等です。

［3］成年後見人等の欠格事由

　未成年者、成年後見人等を解任された人、破産者で復権していない人、成年被後見人等に対して訴訟をしたことがある人とその配偶者及び直系血族、行方不明である人は成年後見人等になることができません。

3 成年後見監督人等の選任の必要性

　法定後見においては、件数の増大に加え、不正防止の強化をはかるため、成年後見人等を監督する成年後見監督人等の必要性が高まっています。また、任意後見においては、任意後見監督人の選任が任意後見契約の効力を発生させる条件となっています。

6 成年後見監督人等と任意後見監督人の役割

Q 成年後見監督人等と任意後見監督人の役割について教えてください。

A 法定後見では家庭裁判所が成年後見監督人等を選任することがあります。成年後見監督人等は、成年後見人等に対していつでも後見の事務の報告や財産目録の提出を求めたり、成年被後見人等の財産の状況を調べたりすることができます。

また、任意後見監督人は任意後見人の職務の執行を監督し、その状況を定期的に家庭裁判所に報告します。その結果、成年後見監督人等および任意後見監督人が成年後見人等および任意後見人を不適切であると認めるときは、家庭裁判所に対して成年後見人等の解任の請求をすることができます。

1 成年後見監督人等の役割

成年後見監督人等は、法定後見において以下のような役割を担っています。

［1］必要性

家庭裁判所は、必要があると認めたときは、成年後見監督人等を選任することができます。成年後見監督人等は、それぞれの事案ごとに総合的に判断して家庭裁判所が選任します。

[2] 職　務

成年後見監督人等の職務には次のようなものがあります。
- 成年後見人等の事務を監督し、家庭裁判所に定期的に報告する。
- 成年後見人等が欠けた場合の後任の成年後見人等の選任の申立てを行う。
- 急迫の事情がある場合に必要な処分をする。
- 成年後見人等と成年被後見人等の間で利益が相反する行為について成年被後見人等を代表する。

2 任意後見監督人の役割

任意後見監督人は、任意後見において以下のような役割を担っています。

[1] 必要性

任意後見では、本来的に任意後見契約が発効する条件として任意後見監督人の選任をあげています。これは任意後見の理念である自己決定権の尊重のために欠かすことができません。

本人が実際に任意後見を必要とするときはすでに判断能力が衰えており、本人には監督能力がないため、任意後見監督人を付けることによって任意後見人に職務を安全に遂行させることを担保するようにしたものです。

[2] 職　務

任意後見監督人は以下のような職務を行います。

① 身上監護

介護契約や福祉サービスが適切に利用されているかを監督します。

② 代理権限

代理権を適切に行使しているか、無権代理になっていないかを監督します。

③ 任意後見監督人の同意

重要な財産に対する法律行為を行う場合など、任意後見契約により任意後見監督人の同意が求められている場合には、通常は文書で同意するのが好ましいといえます。

④ 任意後見監督人の報酬

家庭裁判所に報酬付与の申立てを行って審判が下された金額が本人の財産から支払われます。

⑤ 家庭裁判所への報告

任意後見監督人は、いつでも任意後見人に対して後見の事務の報告を求めることができます。任意後見監督人は定期的に家庭裁判所にその常況を**監督事務報告書 Web** に記入して提出し、報告します。

3 成年後見監督人等の欠格事由

成年後見人等の欠格事由に加えて、成年後見人等の配偶者・直系血族および兄弟姉妹は成年後見監督人等になれません。これは任意後見監督人にも該当します。

7 親族後見人の位置付け

Q 親族後見人とは、どのような後見人をいうのですか。

　• • • • •

A 親族後見人とは、成年被後見人等の配偶者、親、子、兄弟姉妹およびその他の親族で成年後見人等になる人のことをいいます。

1 親族後見人の選任とその推移

　日常的に親族が成年被後見人等の財産管理や身上監護をしているなど、成年被後見人等を理解しており、また引き続き成年被後見人等を支援していくことを希望している場合には、親族後見人として成年後見人等に選ばれるケースがあります。

　成年後見制度が発足した平成12年には、親族後見人が成年後見人等となった人の90.9％を占めていました。しかし、平成27年には全体の約29.9％まで減少しています。

2 親族が後見人に選任されない場合

　親族が成年後見人等になることを望んでいても、専門職などの第三者後見人が選ばれる場合があります。また、親族が成年後見人等に選任されたとしても成年後見監督人等が選任される場合もあります。

　家庭裁判所が、親族を成年後見人等としてふさわしくないと判断する要因をまとめると次ページの表のとおりです。親族である成年

後見人等候補者自身が抱える問題や、親族後見人では財産の管理が困難と判断されるようなケースが該当します。

●親族などの成年後見人等候補者を後見人としてふさわしくないと家庭裁判所が判断する場合

① 親族間に意見の対立がある。
② 流動資産の額や種類が多い。
③ 不動産の売買や生命保険金の受領など、申立ての動機となった課題が重大な法律行為である。
④ 遺産分割協議など成年後見人等と成年被後見人等との間で利益相反する行為について成年後見監督人等に成年被後見人等の代理をしてもらう必要がある。
⑤ 成年後見人等候補者と成年被後見人等との間に高額な貸借や立替金があり、その清算について成年被後見人等の利益を特に保護する必要がある。
⑥ 従前、成年被後見人等との関係が疎遠であった。
⑦ 賃料収入など、年によっては大きな変動が予想される財産を保有するため、定期的な収入状況を確認する必要がある。
⑧ 成年後見人等候補者と成年被後見人等との生活費などが十分に分離されていない。
⑨ 申立時に提出された財産目録や収支状況報告書の記載が十分でないなどから、今後の成年後見人等としての適正な事務遂行が難しいと思われる。
⑩ 成年後見人等候補者が後見事務に自信がなかったり、相談できる者を希望したりした。
⑪ 成年後見人等候補者が自己もしくは自己の親族のために成年被後見人等の財産を利用(担保提供を含む)し、または利用する予定がある。
⑫ 成年後見人等候補者が、成年被後見人等の財産の運用(投資)を目的として申し立てている。
⑬ 成年後見人等候補者が健康上の問題や多忙などで適正な後見事務を行えない、または行うことが難しい。
⑭ 成年被後見人等について、訴訟・調停・債務整理などの法的手続を予定している。
⑮ 成年被後見人等の財産状況が不明確であり、専門職による調査を要する。

(注) 上記①から⑮までに該当しない場合でも、裁判所の判断により成年後見人等候補者以外の人を選任したり、成年後見監督人等を選任する可能性があります。

3 親族後見人の候補者が理解すべきこと

　親族が成年後見人の候補者となることを希望する場合に、成年後見人等になれば成年被後見人等の財産を自由に使えると誤解している人が多く見受けられます。これが原因となって、親族後見人が成年被後見人等の財産を着服する事件が多発しています。「成年被後見人等の財産を成年被後見人等のために使い、管理するのが成年後見人等の役割である」ことを理解させる必要があります。

　後見開始の審判の申立ての主な動機としては、「預貯金などの管理・解約」「保険金受取り」「不動産の処分」などといった理由があげられます。

　しかし、親族後見人の責務は、あくまでも成年後見人等として成年被後見人等が亡くなるまで成年被後見人等を支援することにあります。申立ての動機となった手続が終了したからといって成年後見人等を辞められるわけではありません。親族後見人となることを希望する人には、この点も理解してもらう必要があります。

8 法人後見の位置付け

Q 法人後見とは、どのような後見をいうのですか。

A 社会福祉法人、社団法人、ＮＰＯ法人などの法人が成年後見人等になることを「法人後見」といいます。個人（自然人）による後見と同様に、成年被後見人等の支援を行うことができます。

1 法人による後見

法人も成年後見人等になることができますが、法人が民法847条で定める「後見人の欠格事由」に該当する場合は、成年後見人等になることはできません。

2 法人後見のメリット・デメリット

法人後見には、個人による後見と比較した場合、以下のようなメリットとデメリットがあります。

[1] メリット

障がいを持った人の後見を行うときのように、後見事務が長期間にわたると想定される場合は、法人内の担当者を替えることで継続的に支援することができます。福祉と法律の専門職が連携する法人であれば、より質の高い支援を行うことも可能となります。

[2] デメリット

　個人で行う成年後見人等に比べて、法人が行うため意思決定に時間がかかることがあります。

3 税理士法人が成年後見人等になる可能性

　弁護士法人と司法書士法人は、法令などにより後見が業務として認められていることから法人として成年後見人等になることができます。しかし、税理士法人は後見を業とすることができません。

　税理士法人の業務は税理士業務のほか、これらに準ずるものとして財務省令に定める業務に限定されており、後見はこれらの業務に含まれないからです。

4 社会福祉法人による成年後見等

　社会福祉法人とは、社会福祉事業のほか、公益事業および収益事業（その収益を社会福祉事業または公益事業にあてることを目的とします）を行う民間の非営利法人です。適正かつ安定した運営ができるように、設立の際は役員や資産などについて一定の要件が課されており、厚生労働省が規制・監督と支援・助成を一体的に行っています。

　社会福祉法人は、社会・地域における福祉の発展・充実を使命とし、社会福祉法に基づいて、高齢者介護や障がい児・障がい者支援など良質な福祉サービスの提供を行うことを主たる目的としています。

　社会福祉法人のなかでも、社会福祉協議会（社協）はすべての都道府県・市区町村に設置されています。社協は地域ネットワークを形成し、日常生活自立支援事業において判断能力が不十分な人に対するノウハウを活かした支援を行っています。社会福祉法人が入居

施設やサービス提供者となっている場合には、利益相反となるおそれがあります。

5 公益社団法人による成年後見等

　公益社団法人とは、剰余金の分配を目的としない、登記により法人格を取得した非営利法人です。行政庁（内閣総理大臣もしくは都道府県知事）に公益認定申請を行って認定を受けた「公益目的事業」を主たる目的としています。公益目的事業には障がい者の支援や高齢者の福祉の増進が含まれるため、公益社団法人は法定後見を目的とすることができます。そのため社会的に高い信頼を得ており、また、税制上の優遇措置を受けることができます。

　社団法人のなかでも、全国の司法書士によって設立された公益社団法人 成年後見センター・リーガルサポートは、関係者から暴力などの危害が予測されるなど、成年後見人等が個人であると困難が伴う場合に、法人として成年後見人等に就任しています。担当者が個人による成年後見と同様に成年被後見人等の財産管理や身上監護などの事務を行います。

6 ＮＰＯ法人による成年後見等

　特定非営利活動法人（ＮＰＯ法人）とは、特定非営利活動促進法（ＮＰＯ法）に基づいて都道府県または指定都市の認証を受けて設立された法人です。特定非営利活動は、ＮＰＯ法に定める20種類の分野に当てはまる活動であり、不特定かつ多数の人の利益に寄与することを目的とするものです。そのためＮＰＯ法人は法定後見を多数行っています。

　たとえば、神奈川県鎌倉市にある「湘南鎌倉後見センターやすらぎ」がその一例です。ここは法人として法定後見を行い、弁護士・税理士・司法書士などの専門職がバックアップしながら、担当の市

民ボランティアが支援活動を行っています。法定後見のほかに、生前の生活支援サービス、死後の事務支援サービスなども行っています。

9 専門職後見人の位置付け

Q 専門職後見人とは、どのような後見人をいうのですか。

A 専門職後見人とは、成年被後見人等の親族以外の第三者として成年後見人等に就任する、弁護士などの専門職従事者（いわゆる士業）のことです。ほとんどの場合、後見を仕事として行い、報酬を得ています。

1 専門職後見人の職種

専門職後見人の職種としては、弁護士・司法書士・社会福祉士・行政書士・精神保健福祉士・税理士などがあります。専門職のなかでも弁護士と司法書士は法令上、成年後見業務を行うことができる明文規定があります。同時に法律職として、後述する後見制度支援信託などにおいて大きな役割を持っています（Q51参照）。

2 専門職後見人のための団体

専門職後見人は、それぞれ弁護士会などの組織に所属しているのはもちろんですが、いくつかの職能団体では、成年後見制度に対応するための別団体を設立しています。

後見に特化して法人後見を行っている全国的な組織には、司法書士の公益社団法人 成年後見センター・リーガルサポート、行政書士の一般社団法人 コスモス成年後見サポートセンター、社会福祉士の公益社団法人 日本社会福祉士会 権利擁護センターぱあとなあ

があります。

他の職能団体では、法人後見を行ってはいないものの、それぞれ成年後見制度に関する相談を受けたり、成年後見人等を紹介したりする窓口などを設置しています。

●業種別成年後見担当窓口等一覧 **Web**

弁護士	各弁護士会ごとに異なる
司法書士	公益社団法人 成年後見センター・リーガルサポート
社会福祉士	公益社団法人 日本社会福祉士会 権利擁護センター ぱあとなあ
税理士	税理士会ごとの成年後見支援センター
精神保健福祉士	公益社団法人 日本精神保健福祉士協会 認定成年後見人ネットワーク クローバー
行政書士	一般社団法人 コスモス成年後見サポートセンター

3 専門職後見人が選任される場合

成年後見等の開始の審判の申立てに際して、親族などを成年後見人等候補者としていても、家庭裁判所が成年被後見人等の資産が多額な場合、事件の複雑性・困難性から専門職による法定後見が適切だと判断する場合には、専門職後見人を選任することがあります。

4 専門職後見人の問題点

専門職後見人は、それぞれの資格に基づいた高い倫理意識を持っていることを前提としています。しかし、成年被後見人等の財産を横領したり、任意後見において不当に多額な報酬を要求する事件が発生していることから、各専門職が所属する団体による監督の強化などの対策が進められています。

第1章　成年後見制度の概要

10　市民後見人の位置付け

Q 市民後見人とは、どのような後見人をいうのですか。また、誰でもなることができますか。

A 地方自治体などが行う後見人養成講座などにより、成年後見制度に関する一定の知識・技術・態度を身に付けた人のうち、成年被後見人等と親族関係や交友関係がなく、社会貢献のために他人の成年後見人等になることを希望している人が市民後見人になることができます。

1 市民後見人の始まり

　市民後見人とは、成年後見制度が実際に運用されていくなかで、高齢者の増加に伴う社会的なニーズの高まりから、親族や専門職以外の一般市民で成年後見人等として活躍する人のことです。
　平成24年、老人福祉法の改正に伴い「後見等に係る体制の整備等」の規定が設けられました。これに伴い、市区町村が市民後見人の育成および活用に主体となって取り組み、都道府県はこれを支援することとなりました。しかしながら、平成27年度において、市民後見人は全国で224人選任されるにとどまっています。

2 市民後見人による後見の対象となる場合

　市民後見の対象は、成年後見に限らず保佐・補助類型も含まれます。また、市民後見人が選任されるためには次のような要件があげ

られます。
- 成年被後見人等が施設に入所している。
- 成年被後見人等資産が少なく所得が低い。
- 成年被後見人等の障がいが軽微である。
- 紛争がない。
- 後見事務が非専門的で定型的である。
- 親族後見人になれる人がいない。

このような要件があるため、市民後見人が選任されるケースは、市区町村長による申立てにより開始される法定後見がほとんどです。

3 市民後見人の事例

神奈川県川崎市を例に市民後見人の現状を見てみましょう。川崎市では、市から委託を受けた社会福祉協議会「川崎市あんしんセンター」が平成26年から市民後見人養成研修などの事業を実施しています。

研修の受講資格は受講時満25歳以上70歳未満ということのみで、受講者は定年退職者や地域活動の担い手、専業主婦などが多いようです。なお、専門職は受講の対象から外されています。

受講者は9か月の養成研修を受けてレポートを提出し、合格した後に、社会福祉協議会が法人後見を行っている現場で1年間の体験学習を行います。これらのカリキュラムを修了した後に市民後見人候補者として登録されます。

川崎市長が申立てを行ったなかで、市民後見人が適任と思われる案件があると、地域が近いなどの条件に合う成年後見人等候補者が、市民後見人候補者として登録された人のなかから選ばれます。この人を家庭裁判所が選任すると、市民後見人に就任することになります。

平成28年6月20日までに6人が市民後見人に就任しており、就任後も川崎市あんしんセンターが後見業務の援助や相談など様々な支援を行っています。

　川崎市の市民後見人には報酬は支払われません。ただし、実費は成年被後見人等の財産から支払われます。その他に活動費として川崎市から月2,000円が支給されます。

4 今後の展望

　平成28年5月に施行された成年後見制度利用促進法では、「地域において成年後見人等となる人材を確保する」と規定されました。

　しかし、実際に市民後見推進事業を担うのは市区町村であり、法律の成立がどのような効果を上げるかは未知数です。国としての支援のあり方、後見等の事務を担う市民に対する監督のあり方など、市民後見人の今後については十分な議論が必要です。

Column

成年被後見人等の郵便物管理

　私が初めて保佐人となった認知症の独居女性は、請求書や督促状などの郵便物を保管しておくことができなかったことから、様々な支払いが滞っていました。

　保佐人に就任した直後に、郵便局へ赴いて郵便物の転送届（被保佐人宛の郵便物を私に転送する手続）を提出したのですが、郵便局の担当者から「保佐人といえども親族以外の第三者への転送届は認められない」と断られてしまいました。

　そのため、被保佐人の自宅で郵便物を発見するたびに、その相手先に個別に連絡をして、保佐人である私宛に送ってもらうようにお願いするしかありませんでした。

　このように成年後見人等が成年被後見人等宛の郵便物を受領できないという不都合に対応するため、平成28年4月に民法と家事事件手続法の改正が行われました。その結果、家庭裁判所の審判により郵便事業者などに対して成年被後見人等宛の郵便物を成年後見人等に配達するように嘱託することができるようになりました。ただし、嘱託できる期間は6か月以内に限られているので、そのつど手続が必要になります。

Ⅱ 任意後見制度の利用

11 任意後見契約書の作成

Q 顧問先から任意後見契約の相談を受けた際、税理士として最初に何をすればよいか教えてください。

A 任意後見制度とは、本人の判断能力が正常なうちに、将来、認知症などにより本人の判断能力が低下したときのために、あらかじめ公正証書により委任契約を交わすことで、援助してくれる人（任意後見人）に代理権を付与し、本人の財産管理や身上監護などに関する事務を委任するものです。任意後見監督人が選任されたときからその効力を生ずる旨の定めがなされるところに特徴があります。

最初に自らの意思で任意後見受任者（監督人選任後に任意後見人となる人）を決めます。

1 本人の希望および現状の把握

具体的な事例をあげて説明します。顧問先のK（76歳）は長年飲食業を営んできました。お店の評判もよく、お昼時は満席の状態で繁盛していました。ところが夫が病気になり、まもなく他界しました。夫婦に子供はなく、高齢のKは気落ちして商売を廃業してし

まいました。一人暮らしのＫを訪ねると、好きなカラオケにも行かなくなったと話していました。

　Ｙ税理士はＫの将来を心配し、今後のことを話し合うなかで任意後見契約の仕組みについても説明してみました。

　Ｋは「私の余生は自分らしくのびのびと生き抜きたい」と希望され、Ｙ税理士に将来のことについて「信頼している先生に私の老後をお願いします」と伝えました。

2 ライフステージに応じた収支計算

　Ｋから将来のビジョンのヒアリングをもとにライフステージに応じた収支を計算します（次ページの表参照）。

第1章　成年後見制度の概要

●Kのライフステージに基づく収支予定表

ご家族	氏名					
経過年数		1	2	3	4	5
	K	76歳	77歳	78歳	79歳	80歳
収入	国民年金	72	72	72	72	72
	個人年金	120	120	120	120	120
	家賃収入	120	120	120	120	120
	自宅処分額					
	①収入合計	312	312	312	312	312
生活費	基本生活費	264	264	264	264	264
	施設費					
	不動産経費	24	24	24	24	24
	見守り費用	6	6	6	6	6
	任意後見人費用					
	任意後見監督人費用					
	②支出小計	294	294	294	294	294
③差引（①-②）		18	18	18	18	18
④貯蓄残高		3,018	3,036	3,054	3,072	3,090

ご家族	氏名					
経過年数		14	15	16	17	18
	K	89歳	90歳	91歳	92歳	93歳
収入	国民年金	72	72	72	72	72
	個人年金	120	120	120	120	120
	家賃収入	120	120	120	120	120
	自宅処分額					
	①収入合計	312	312	312	312	312
生活費	基本生活費					
	施設費	300	300	300	300	300
	不動産経費	24	24	24	24	24
	見守り費用					
	任意後見人費用	36	36	36	36	36
	任意後見監督人費用	18	18	18	18	18
	②支出小計	378	378	378	378	378
③差引（①-②）		△66	△66	△66	△66	△66
④貯蓄残高		5,916	5,850	5,784	5,718	5,652

単位：万円

6	7	8	9	10	11	12	13
81歳	82歳	83歳	84歳	85歳	86歳	87歳	88歳
72	72	72	72	72	72	72	72
120	120	120	120	120	120	120	120
120	120	120	120	120	120	120	120
					3,000		
312	312	312	312	312	3,312	312	312
264	264	264	264	264			
					300	300	300
24	24	24	24	24	24	24	24
6	6	6	6	6			
					36	36	36
					18	18	18
294	294	294	294	294	378	378	378
18	18	18	18	18	2,934	△66	△66
3,108	3,126	3,144	3,162	3,180	6,114	6,048	5,982

19	20	21	22	23	24	25	合計
94歳	95歳	96歳	97歳	98歳	99歳	100歳	合計
72	72	72	72	72	72	72	1,800
120	120	120	120	120	120	120	3,000
120	120	120	120	120	120	120	3,000
							3,000
312	312	312	312	312	312	312	10,800
							2,640
300	300	300	300	300	300	300	4,500
24	24	24	24	24	24	24	600
							60
36	36	36	36	36	36	36	540
18	18	18	18	18	18	18	270
378	378	378	378	378	378	378	8,610
△66	△66	△66	△66	△66	△66	△66	2,190
5,586	5,520	5,454	5,388	5,322	5,256	5,190	5,190

［1］収支内容の予測

Kのライフサイクルを次のように仮定して収支予定表を作成してみます。

- 現在の年齢は76歳
- 認知症になったとする年齢は85歳
- 100歳で逝去

●76〜85歳の年間収支予定表

月額収入（76〜85歳）		収入合計（10年分）	支出合計（10年分）	
国民年金	6万円	720万円	生活費	2,640万円
個人年金	10万円	1,200万円	不動産経費	240万円
家賃収入	10万円	1,200万円	見守り費用	60万円
合計	26万円	3,120万円		2,940万円

86〜100歳には自宅を売却して有料老人ホームに入居する予定です。収入は上記の月額収入と同じ条件とします。

●86〜100歳の年間収支予定表

月額収入（86〜100歳）		収入合計（15年分）	支出合計（15年分）	
国民年金	6万円	1,080万円	施設費	4,500万円
個人年金	10万円	1,800万円	不動産経費	360万円
家賃収入	10万円	1,800万円	任意後見人費用	540万円
—		—	任意後見監督人費用	270万円
合計	26万円	4,680万円		5,670万円

（注）　入院費用などの臨時支出や毎月の過不足金は預金で補填する予定です。

［2］財産目録の作成と財産の処分の検討

収支計算の予測を行った結果、今後のKの財産の収支予測は、

下表のようになりました。これによると、Kは最後に9,190万円を相続財産として残すことになりました。

●現在および将来の財産目録（予測）

資産	金額	処分時財産（86歳まで）	最終時残高（100歳）
現預金	3,018万円	6,114万円	5,190万円
不動産	—	—	—
自宅	3,000万円	0円	0円
貸家	4,000万円	4,000万円	4,000万円
合計	10,018万円	10,114万円	9,190万円

　この計算結果から、任意後見契約をした場合には任意後見監督人の費用まで十分に支払いができることが確認できましたので、契約を進めても問題はないと思われます。

3 任意後見契約締結から任意後見監督人選任までの流れ

　任意後見契約が締結されてから任意後見監督人が選任されるまでの流れは、Q3の図をご参照ください。

4 公正証書による任意後見契約の締結

　任意後見契約は、公正証書により契約を締結することで成立します。本人の判断能力が正常なうちに、公証役場で公証人と本人、任意後見受任者との間で任意後見契約書を作成してもらいます。
　本人が病気で入院中の場合など公証役場に出向くことが困難な場合には、公証人に出張してもらうことができます。
　費用は通常2～3万円ですが、出張してもらう場合には、他に日当や交通費などの費用が加算されます。

5 任意後見人による財産管理と身上監護

任意後見人は、本人の生活、療養看護、財産管理についてその事務を委託されています。つまり、本人の代理人として法律行為を行います。具体的な内容は以下のとおりです。

[1] 職務としての財産管理

任意後見人は、財産管理として次のような行為を行います。
- 本人の土地建物に関する取引として売却・抵当権設定・賃貸など
- 契約の締結・変更・解除など
- 預貯金等受入金融機関との取引として預貯金の管理、口座の変更、解約など
- 保険に関する事項として保険金の請求および受領、締結、変更、解除など
- 家賃など定期的な収入の受領および費用の支払い
- 相続に関する遺産分割または相続の承認、放棄などの手続
- 贈与、遺贈の受諾、遺留分の減殺請求など
- 生活に必要な物品購入や日常生活に関する取引
- 税金の申告および納付

[2] 職務としての身上監護

任意後見人は、身上監護として次のような行為を行います。身上監護事務の内容は法律行為に限られるため、実際の食事の世話や掃除、介護などの事実行為は職務には含まれません。
- 介護契約、福祉施設などの入所に関する申請や契約、変更および解除、費用の支払いなど
- 医療契約や病院への受診、福祉施設などの入所および退所に関する契約、費用の支払いなど

12 税理士が受任する場合の任意後見契約

Q 顧問先から任意後見人を引き受けてほしいとの相談を受けましたが、どうしたらよいでしょうか。また、引き受ける場合の注意点を教えてください。

●●●●●●

A 任意後見契約を締結した場合、最終的には本人が死亡するまで職務を行うことになるため、引き受けるべきか否かを慎重に検討します。また、任意後見を引き受ける場合には契約の特性を知り、本人にも内容を理解させたうえで任意後見契約を締結します。

1 任意後見契約の検討

　顧問先が税理士との関係を「一生の付合い」として大切に考えてくれているのはありがたいことですが、任意後見契約を締結すると、最終的には本人が死亡するまでの長期間にわたって職務を行うことになりますので慎重に検討しましょう。

　専門職として任意後見受任者になる場合には、その職務の重要性を検討したうえで本人の意思確認を行ってください。そのうえで本人が希望する場合には、任意後見契約について具体的な内容を説明し、十分理解されたことを確認したうえで契約を締結します。

2 任意後見契約の利用方法

　任意後見契約には3つの形態があります。それは将来、本人の判

断能力が減退したときに任意後見契約の効力を発効させる「将来型」、本人に判断能力はあっても身体的に不自由になったときに備え任意の財産管理等委任契約を併用し、本人の判断能力が減退したときに任意後見契約を発効させる「移行型」、すでに本人の判断能力が減退しているために速やかに発効させる「即効型」の3つ形態です。

［1］将来型の概要

　任意後見契約の運用の基本形であり、将来、本人の判断能力が減退したときに発効させる契約です。これとあわせて、任意後見監督人が選任されるまで財産管理を伴わない「見守り契約」を締結します。

［2］移行型の概要

　任意後見契約とあわせて財産管理等委任契約を一緒に締結する契約です。契約を締結する段階では、本人の判断能力は問題がない状態である必要があります。

　ただし、本人の判断能力が減退しているにもかかわらず、任意後見監督人選任の申立てをしないままで財産管理を継続しているなど、濫用されやすいという問題点が指摘されており、勧めることができません。

　身体が不自由になったときに代理行為が必要なときは、そのつど個別の委任により代理権を付与するなど包括的な代理権の付与による権限濫用が生じないようにすることが必要です。

［3］即効型の概要

　任意後見契約を締結する時点ですでに判断能力が低下しているので、契約の発効とほぼ同時ぐらいに任意後見監督人選任の申立てを

することになります。これは極めて例外的な活用方法です。本人の判断能力に疑問が残る場合には、補助開始の申立てを検討すべきです。

3 任意後見契約の段階的活用

任意後見契約を段階的に活用していく場合には、下図のような運用が想定されます。

●任意後見契約の段階的活用の流れ

〔意識・身体も正常のとき〕　見守り契約

〔身体が不自由になったとき〕　個別の委任契約をそのつど締結

〔判断能力が減退したとき〕　任意後見契約・任意後見監督人の選任

〔死亡したとき〕　死後事務委任契約・遺言

13 任意後見契約の上手な利用

Q 任意後見契約（将来型、移行型、即効型）のうち、実際に利用することを考えた場合に好ましいのはどれでしょうか。

A それは財産管理を伴わない見守り契約を併用する将来型です。将来型の基本契約に加えて財産管理を伴わない見守り契約、さらに死後事務委任契約や遺言を加えるとより安心できる契約になります。

1 見守り契約との併用による将来型の特徴

この型の任意後見契約には次のような特徴があります。
- 「継続的見守り契約」を「任意後見契約」と同時に締結する型です。
- 本人が元気なうちは定期的に電話連絡や面談をして安否確認を行い、生活状況を見守ります。
- 見守りのなかで判断能力が低下している状態が見られれば、すぐに任意後見契約を発効させ、任意後見監督人選任の申立てをします。
- 任意後見監督人が選任された後は、任意後見受任者は任意後見人として財産管理や身上監護の事務を行います。

2 死後事務委任契約の締結

　本人が死亡すれば任意後見契約は終了します。したがって、相続人がいない場合などには「死後事務委任契約」を取り交わしておくことで葬儀などの手配、埋葬、永代供養の契約、菩提寺や親族への連絡、市区町村の役所への手続を行います。相続人に依頼された場合には、税務申告などの手続も行います。

3 遺言書の作成

　遺言書を作成することにより、相続財産を誰にどのように残すのかを決めておくことも可能になります。遺言書は死後事務委任契約と合わせて作成しておくとよいでしょう。

　遺言書についてはQ39で説明していますので参照してください。

14 任意後見契約書の作成と留意点

Q 任意後見契約締結に際しては、どのようなことに注意すればよいですか。

A 任意後見契約を進めるうえでは、本人が将来に対して抱く不安に対応できる契約書案を作成しておく必要があります。また、任意後見契約の発効は任意後見監督人が選任された後であることに注意します。

1 契約書案の作成上の留意点

任意後見契約を進める際、本人は将来のことに不安を抱くようです。特に一人暮らしの高齢者にとっては、病気により入院などをしたときや施設への入所に際しての保証人の問題など、頼れる相手がいないことが不安の種です。

そこで、任意後見契約を締結することで本人が信頼している人に任意後見契約の受任者になってもらい、財産管理・身上監護などに関する事務を委任することで本人の代わりに役割を果たしてもらいます。そのため契約書案は、本人の意向を踏まえたものになるよう、個別具体的な検討が必要になります。

本人の判断能力が衰えてきた場合、任意後見監督人の選任後に契約の効力が生じるので、それ以降に後見事務が開始されます。この点については、本人に事前に理解させておく必要があります。

2 任意後見契約の締結時に必要な書類

任意後見契約を締結する際には次の書類を準備しておく必要があります。

- 本人の戸籍謄本、住民票、印鑑証明書各1通と実印
- 任意後見受任者の印鑑証明書、住民票各1通と実印
- 契約書案

3 任意後見契約書の書式例（将来型）

将来型は本人の判断能力が減退したときに任意後見監督人が選任されます。これにより契約が発効され、任意後見人の事務が始まります。次の契約書（例）は任意後見契約の基本型で、公正証書を用いて作成します。

また、本契約書の第3条に規定する委任事務の代理権の内容は、別途「代理権目録」に明記します。

なお、**基本型契約 Web** に加えて**継続的見守り契約 Web**、および死後事務委任契約を加えることもできます。

任意後見契約公正証書（例）

本公証人は、委任者○山○子（以下「甲」という。）及び受任者△川△美（以下「乙」という。）の嘱託により、次の法律行為に関する陳述の趣旨を録取し、この証書を作成する。

第1条（契約の趣旨）

甲は乙に対し、平成○○年○月○日、任意後見契約に関する法律に基づき、精神上の障害により事理を弁識する能力が不十分な状況における甲の生活、療養看護及び財産の管理に関する事務（以下「後見事務」という。）を委任し、乙はこれを受任する。

第2条（契約の発効）

1 前条の任意後見契約（以下「本契約」という。）は、任意後見監督人が選任された時からその効力を生ずる。
2 本契約締結後、甲が精神上の障害により事理を弁識する能力が不十分な状況になり、乙が本契約による後見事務を行うことを相当と認めたときは、乙は家庭裁判所に対し任意後見監督人の選任の請求をしなければならない。
3 本契約の効力発生後における甲と乙との間の法律関係については、任意後見契約に関する法律及び本契約に定めるもののほか、民法の規定に従う。

第3条（後見事務の範囲）

甲は、乙に対し、別紙「代理権目録（任意後見契約）」記載の後見事務（以下「本件後見事務」という。）を委任し、その事務処理のための代理権を付与する。

第4条（身上配慮の責務）

乙は、本件後見事務を処理するに当たっては、甲の意思を尊重し、かつ、甲の身上に配慮するものとし、その事務処理のため、月1回程度を基準にして甲と面接し、ヘルパーその他日常生活援助者から甲の生活状況につき報告を求め、主治医その他医療関係者から甲の心身の状態につき説明を受けることなどにより、甲の生活状況及び健康状態の把握に努めるものとする。

第5条（証書等の保管等）

1 乙は、甲から本件後見事務処理のために必要な次の証書等及びこれらに準ずるものの引渡しを受けたときは、甲に対し、その明細及び保管方法を記載した預り証を交付する。
　①登記済権利証、②実印・銀行印、③印鑑登録カード、マイナンバーカード、④預貯金通帳、⑤各種キャッシュカード、⑥有価証券・その預り証、⑦年金関係書類、⑧土地・建物賃貸借契

約書等の重要な契約書類、⑨保険証券、⑩その他甲が合意したもの
2　乙は、本契約の効力発生後甲以外の者が前項記載の証書等を占有所持しているときは、その者からこれらの証書等の引渡しを受けて、自らこれを保管することができる。
3　乙は、本件後見事務を処理するために必要な範囲で前記の証書等を使用するほか、甲宛の郵便物その他の通信を受領し、本件後見事務に関連すると思われるものを開封することができる。

第6条（費用の負担）
　乙が本件後見事務を処理するために必要な費用は、甲の負担とし、乙は、その管理する甲の財産からこれを支出することができる。

第7条（報酬）
【報酬の定めがある場合】
1　甲は、本契約の効力発生後、乙に対し、本件後見事務処理に対する報酬として毎月末日限り金〇万円を支払うものとし、乙は、その管理する甲の財産からその支払を受けることができる。
2　前項の報酬額が次の事由により不相当となった場合には、甲及び乙は、任意後見監督人と協議のうえ、これを変更することができる。
　(1)　甲の生活状況又は健康状態の変化
　(2)　経済情勢の変動
　(3)　その他現行報酬額を不相当とする特段の事情の発生
3　前項の場合において、甲がその意思を表示することができない状況にあるときは、乙は、任意後見監督人の書面による同意を得てこれを変更することができる。
4　第2項の変更契約は、公正証書によってしなければならない。
5　後見事務処理が、不動産の売却処分、訴訟行為、税務申告、その他通常の財産管理事務の範囲を超えた場合には、甲は乙に対し毎月の報酬とは別に報酬を支払う。この場合の報酬額は、甲と乙

が任意後見監督人と協議の上これを定める。甲がその意思を表示することができないときは、乙は任意後見監督人の書面による同意を得てこれを決定することができる。

【無報酬の場合】
1　乙の本件後見事務処理は、無報酬とする。
2　本件後見事務処理を無報酬とすることが、次の事由により不相当となった場合には、甲及び乙は、任意後見監督人と協議のうえ、報酬を定めることができる。
　⑴　甲の生活状況又は健康状態の変化
　⑵　経済情勢の変動
　⑶　その他本件後見事務処理を無報酬とすることを不相当とする特段の事情の発生

第8条（報告）
1　乙は、任意後見監督人に対し、3か月ごとに、本件後見事務に関する次の事項について書面で報告する。
　⑴　乙の管理する甲の財産の管理状況
　⑵　甲を代理して取得した財産の内容、取得の時期・理由・相手方及び甲を代理して処分した財産の内容、処分の時期・理由・相手方
　⑶　甲を代理して受領した金銭及び支払った金銭の状況
　⑷　甲の身上監護につき行った措置
　⑸　費用の支出及び支出した時期・理由・相手方
　⑹　報酬の定めがある場合の報酬の収受
2　乙は、任意後見監督人の請求があるときは、いつでも速やかにその求められた事項につき報告する。

第9条（契約の解除）
1　甲又は乙は、任意後見監督人が選任されるまでの間は、いつでも公証人の認証を受けた書面によって、本契約を解除することが

できる。
2　甲又は乙は、任意後見監督人が選任された後は、正当な事由がある限り、家庭裁判所の許可を得て、本契約を解除することができる。

第10条（契約の終了）

本契約は、次の場合に終了する。
(1)　甲又は乙が死亡し又は破産手続開始決定を受けたとき
(2)　乙が後見開始の審判を受けたとき
(3)　乙が任意後見人を解任されたとき
(4)　甲が任意後見監督人選任後に法定後見（後見・保佐・補助）開始の審判を受けたとき
(5)　本契約が解除されたとき

第11条（死後の事務処理に関する委任契約）

甲は、乙に対し、甲の死後における次の事項の事務処理を委任する。
(1)　甲の生前に発生した乙の後見事務に関わる債務の弁済及び相続事務手続き
(2)　甲の葬儀、埋葬に関する事項

以　上

※代理権目録を別紙として添付します。

平成○○年○月○○日

当事者の表示

委任者（甲）

本籍　東京都○○区△△町5丁目4番1号
住所　東京都☆☆区○○町2丁目3番5号
職業　無職
氏名　○山○子
生年月日　昭和◇年5月5日

第1章　成年後見制度の概要

　受任者（乙）
　本籍　東京都○○市△△町１丁目２番３号
　住所　東京都☆△区◇○町４丁目３番１－２０５号
　職業　税理士
　氏名　△川△美
　生年月日　昭和◇◇年７月７日

（注）　本資料はあくまでも例示ですので、実際に使用する場合には、より個別具体的に検討して作成してください。

代理権目録（任意後見契約）

1　不動産、動産等すべての財産の保存、管理及び処分に関する事項

2　金融機関、郵便局、証券会社とのすべての取引に関する事項

3　保険契約（類似の共済契約等を含む。）に関する事項

4　定期的な収入の受領、定期的な支出を要する費用の支払に関する事項

5　生活費の送金、生活に必要な財産の取得に関する事項及び物品の購入その他の日常関連取引（契約の更新、解除を含む。）に関する事項

6　医療契約、入院契約、介護契約その他の福祉サービス利用契約、福祉関係施設入退所契約に関する事項

7　要介護認定の申請及び認定に関する承認又は異議申立て並びに福祉関係の措置（施設入所措置を含む。）の申請及び決定に対する異議申立てに関する事項

8　シルバー資金融資制度、長期生活支援資金制度等の福祉関係融資制度の利用に関する事項

9　登記済権利証、印鑑、印鑑登録カード、住民基本台帳カード、預貯金通帳、各種キャッシュカード、有価証券・その預り証、年

金関係書類、土地・建物賃貸借契約書等の重要な契約書類その他重要書類の保管及び各事項の事務処理に必要な範囲内の使用に関する事項
10　居住用不動産の購入、賃貸借契約並びに住居の新築・増改築に関する請負契約に関する事項
11　登記及び供託の申請、税務申告、各種証明書の請求に関する事項
12　遺産分割の協議、遺留分減殺請求、相続放棄、限定承認に関する事項
13　配偶者、子の法定後見開始の審判の申立てに関する事項
14　新たな任意後見契約の締結に関する事項
15　以上の各事項に関する行政機関への申請、行政不服申立て、紛争の処理（弁護士に対する民事訴訟法第55条第2項の特別授権事項の授権を含む訴訟行為の委任、公正証書の作成嘱託を含む。）に関する事項
16　復代理人の選任、事務代行者の指定に関する事項
17　以上の各事項に関連する一切の事項

（注）　本資料はあくまでも例示ですので、実際に使用する場合には、より個別具体的に検討して作成してください。

15 任意後見報酬と税理士業務報酬

Q 私は顧問先の社長と任意後見契約を締結しました。任意後見人の報酬と、任意後見人である税理士が税務申告した場合の税理士報酬の取扱いについて教えてください。

A 任意後見契約が発効するまでは、継続的見守り契約が締結されていれば報酬や実費が発生します。

任意後見監督人が選任された後は、任意後見契約書に則り、本人と任意後見人が相談して決めた報酬規程による報酬が任意後見人に発生します。また、任意後見監督人の報酬額は家庭裁判所が決定します。

1 継続的見守り契約による報酬

継続的見守り契約については、契約書に次のように記載します。
「月額○○円」（たとえば3,000円）
親族などが任意後見人になる場合には無報酬になることもあります。

2 任意後見契約発効後の報酬

任意後見契約で定められている基本報酬額は月額3～5万円程度が多いようです。また、特別の行為をした場合には報酬を加算することがあります。

任意後見人が税理士であり、税務申告を行う場合には、任意後見

契約にその報酬額を盛り込まなければ報酬を受け取ることはできません。

任意後見契約で想定していない事由が発生したときに加算する報酬については、一定の条件を決めておくことができます。また、そのつど本人、任意後見人、任意後見監督人の間で協議して決めることもできます。

3 任意後見監督人の報酬

税理士が任意後見監督人に選任された場合、その報酬については、家庭裁判所が事務内容や財産状況などにより妥当な金額を決定します。

［1］本人の財産状況に基づく家庭裁判所からの決定

家庭裁判所からの報酬は次の計算式に基づいて決定されます。

報酬 ＝ 基本報酬 ＋ 付加報酬

上記の計算式のうち、基本報酬は管理する預貯金や有価証券など流動資産の合計額に応じて、たとえば下記のように決めることができます。

- 1,000万円超～5,000万円以下…月額1～2万円（めやす）
- 5,000万円超 ……………………月額2.5～3万円（めやす）

［2］報酬の支払時期

報酬の付与を申し立てる時期は、任意後見監督人に就任後、一定期間（通常1年間）が経過した後です。

対象期間の報酬の支払時期に関する規定はありませんが、後払いが原則です。

4 所得税および消費税申告の際の留意点

　税理士が上記の報酬を得た場合には、所得税法上は雑所得として申告することになります。また、消費税法上、報酬は消費税の課税売上となります。

16　任意後見監督人の選任申立手続

Q 本人の判断能力が低下してきたので任意後見監督人の選任の申立てをしようと思います。どのように手続をしたらよいでしょうか。

● ● ● ● ● ●

A 認知症などの発症により本人の判断能力が衰え始めたときは、家庭裁判所に任意後見監督人選任の申立てを行います。申立人には、本人、配偶者、四親等内の親族、任意後見受任者がなることができます。

　選任にあたっては、本人の心身の状況および生活状況や財政状態、本人との利害関係の有無、候補者の職業および経歴などを考慮します。

　任意後見監督人は、選任された後、本人に代わって任意後見人の職務を監督します。

1　申立てに必要な書類

　任意後見監督人の選任手続を行う際は次の書類が必要になります。

- 申立書
- 申立事情説明書（任意後見）
- 本人の財産目録およびその資料（不動産全部事項証明書、預貯金通帳などの写し）
- 本人の収支状況報告書（領収書の写しなど）

- 任意後見受任者事情説明書

2 本人についての提出書類

申立書と同時に、本人についての次の書類を提出する必要もあります。

- 戸籍謄本
- 住民票（世帯全部、省略のないもの）
- 後見登記事項証明書（任意後見）（東京法務局で発行）
- 後見登記されていないことの証明書（東京法務局で発行）
- 任意後見契約公正証書の写し
- 診断書（成年後見用）

診断書については、任意後見では医師の診断書で足ります（原則として鑑定は不要です）。

3 申立てに必要な費用

任意後見監督人を選任する際に必要となる費用は次のとおりです。

- 収入印紙2,200円（申立費用800円、登記費用1,400円）
- 郵便切手3,200円（裁判所によって異なります）

4 複数の任意後見監督人の選任

家庭裁判所が必要と認める場合には、複数の任意後見監督人が選任されることもあります。

5 任意後見監督人の候補者の推薦

任意後見監督人選任の申立てを家庭裁判所に行うとき、任意後見監督人の候補者を推薦することはできますが、推薦された候補者が必ずしも選任されるとは限りません。

選任にあたっては、本人の心身の状況、および生活状況や財政状態、本人との利害関係の有無、候補者の職業および経歴などを考慮します。これは、任意後見監督人の職務が家庭裁判所に代わって任意後見人の職務の監督を行うことなので、不正を生じさせないための方策です。
　これらの観点から総合的に判断して任意後見監督人が選任されます。

6 任意後見監督人を選任しない場合のデメリット

　任意後見監督人の選任申立手続を検討する段階では、本人の判断能力は法定後見でいえば補助程度以上にあたることとなり、保護を必要とされる状態にあります。
　知らない間に認知症が進んでいて、気付いたときには手遅れになってしまっていたということもありますので、かかりつけ医とコミュニケーションをとるなどして、本人の状態を日頃から気にかけておく必要があります。そして、もし本人の判断能力が不十分な状態になったときは速やかに申立てを行うようにしましょう。
　本人の判断能力が不十分になっているにもかかわらず任意後見監督人選任の申立てをしなければ、本人が十分に保護されないことから不利益を受けることがあります。本人の状態を日頃から気にかけて申立てを行うようにします。

17 任意後見監督人の職務

Q 任意後見監督人は、任意後見人に対してどのような職務の進め方をするのですか。

A 任意後見監督人は、任意後見人が任意後見契約の内容および成年後見制度の趣旨に基づいて後見事務を遂行しているかを監督します。

1 任意後見監督人の職務

任意後見監督人は任意後見契約の内容を確認し、次のような本人の身上に配慮した療養看護や財産管理を任意後見人が行えるように指導します。

- 任意後見人の職務が適切に行えるように、財産目録や年間収支予定表、預貯金などの管理事務の監督をします。
- 任意後見人に対して、通常、3〜6か月に1回（契約で定めます）、後見事務に関する事項について任意後見事務報告書を提出してもらいます。ただし、必要がある場合にはいつでも任意後見事務報告書を提出させることができます。
- 任意後見人と一緒に本人との面談（3〜6か月に1回）を行い、現状の把握を確認する場合もあります。
- 任意後見人の事務に関し、家庭裁判所に定期的（原則として年1回）に報告します。

2 任意後見監督人の職務上の注意点

　任意後見監督人の主な職務は、任意後見人の事務を監督することですが、後見事務遂行上の問題点も指摘されています。

　たとえば、任意後見人による財産の使い込みや無断借用があった場合には、これを防止できなかったことによる任意後見監督の責任として解任されたり、損害賠償を請求されることもあります。また、任意後見監督人は、本人の財産が親族へ貸付や贈与されたり、本人と任意後見人に利益相反する行為がなされた場合などにはその行為を排除しなければなりません。つまり、任意後見監督人は本人を代表（代理）しているのです。

18 任意後見契約の解除

Q 任意後見契約を締結したのですが、一度締結した契約を解除することはできますか。

・・・・・・

A 任意後見監督人が選任される前は本人に判断能力があるため、信頼関係の継続が困難な場合、契約は自由に解除できます。ただし、一方からの解除、または双方からの合意解除とも、公証人の認証が必要になります。

任意後見監督人の選任後の解除については、家庭裁判所の許可および解除する「正当な事由」が必要とされています。

1 任意後見監督人の選任前の解除

任意後見監督人が選任される前に任意後見契約を解除する方法には以下のとおり2つの手続があります。

［1］一方からの解除

本人もしくは任意後見受任者のいずれかが任意後見契約を解除したい場合には、通常は公証人による認証を受けた配達証明付内容証明郵便により相手方に解除通知書を送付します。解除通知書が到着したら任意後見終了の登記を行います。

［2］合意による解除

双方が合意して解除する場合には、任意後見契約解除合意書を作

成し、本人と任意後見受任者の双方が署名捺印した書類を公証人に認証してもらいます。その書類を添付して任意後見終了の登記をすれば手続は完了します。

2 任意後見監督人が選任された後の解除

　任意後見監督人の選任後は、本人の判断能力は不十分な状態であるため、任意後見人による無責任な解除は本人の利益が害されることになります。そのため「正当な事由」が本人または成年後見人にある場合に限り、次のような手続を行うことで任意後見契約の解除ができます。

① 　任意後見人の職務執行停止を求めるために、選任の審判をした家庭裁判所に任意後見契約解除許可の申立てを行います。

② 　任意後見人の解任の審判が下される前の保全処分については、職務執行の停止について本人に不利益な危険が及ぶ場合にのみ、保全処分の適用が準用されます。

③ 　任意後見監督人が任意後見人に対して、不適切な後見事務に対する対応を怠ったために、本人が所有する多額の金銭を横領され損害を被った場合には、任意後見監督人の善管注意義務違反によって責任を問われることがあります。

　なお、本人が後見開始の審判などを受けたときは、任意後見契約は終了します。

19 任意後見契約登記後の法定後見の申立て

Q 任意後見契約が登記されている場合でも、法定後見を申し立てることはできますか。

A 任意後見契約が発効するか否かにかかわらず、家庭裁判所は「本人の利益のために特に必要があると認めるとき」は例外的に法定後見開始の審判を行います。

　成年後見制度では、法定後見よりも任意後見が優先しますが、次のとおり法定後見を開始することもできます。
① 任意後見は本人の自己決定権を最大限に尊重する制度なので、法定後見よりも優先されます。そのため、特に必要であると認められる場合以外は法定後見を利用することはできません。
② しかし、同意権や取消権による保護が必要になった場合や任意後見契約に記載のない事項が発生した場合、また、任意後見人の不正行為などにより任務に適しない行為が顕著になった場合などには法定後見を申し立てることができます。
③ この申立ては本人の住所地の家庭裁判所にて行います。
④ 法定後見の申立権を有する人は、本人、配偶者、四親等内の親族、任意後見受任者、任意後見人または任意後見監督人です。
⑤ 家庭裁判所にて法定後見開始の審判が下れば任意後見契約は終了し、法定後見が開始されます。

20　本人または任意後見人の死亡に伴う手続

Q 　本人または任意後見人が死亡した場合は、どのような手続が必要ですか。そして、任意後見契約は、どのようにして終了するのでしょうか。また、任意後見契約の終了に伴って、どのような手続が必要になりますか。

● ● ● ● ●

A 　本人が死亡した場合、任意後見契約は終了します。また、任意後見人が死亡した場合には、任意後見監督人が必要に応じて法定後見開始の申立てをすべきです。

1 任意後見契約発効前の手続

　任意後見契約の発効以前に本人が死亡した場合は、任意後見受任者が終了の登記をしなければなりません。委任契約がある場合には、その委任契約についても処理します。

2 任意後見契約発効後の手続

　任意後見契約の発効後に本人が死亡した場合、任意後見人が行う事務は次のとおりです。

- 任意後見監督人に対する終了事務報告（最終の財産目録および収支状況報告書を提出）
- 金融機関などに対する通知
- 本人死亡による後見終了の登記の申請
- 委任終了に対する報告（本人が死亡しているので本人の相続人に

対して結果を報告）
- 管理財産の引渡し（生前の後見費用や福祉施設などへの利用料などといった未払金を清算した後に、預かっていた預貯金やその他の財産を本人の相続人に引き渡す）
- 遺言執行者が遺言書にて決定されている場合には、管理財産の遺言執行者への引渡し

3 任意後見人が死亡した場合

　任意後見人が死亡した場合で、たとえば本人がすでに補助を利用する程度に判断能力が減退しているときは、任意後見監督人が本人の同意を得て補助開始の申立てをすることができます。

　なお、本人の判断能力がさらに減退しているときは、保佐または成年後見開始の申立てをすることもあります。

第2章

税理士による成年後見制度への関与

I 税理士による成年後見への取組み

21 顧問先の事業承継への関与

Q 顧問先の社長が高齢になり、この先、判断能力が低下し会社経営に悪影響を及ぼすことが危惧されます。税理士として、この顧問先の事業承継に関与するか否かを判断するために、あらかじめやっておくことはありますか。

・・・・・・

A 第一に顧問先の現状を把握して円滑な事業承継が可能かどうかを考える必要があります。そのためには情報の整理をして、顧問先に合った対策を考えます。

1 顧問先の現状把握

顧問先の事業承継に関与するか否かを判断するための材料として、会社の現状を把握する必要があります。

［1］顧問先への関与の程度

一口に顧問先といっても、関与を開始してからの年数が浅く、インターネット上での連絡しかしないケースや、年に１回だけの決算申告だけ行うケースから、すでに30年以上、あるいは歴史のある事務所では３代前からの顧客であり、家族同然の付合いをする深い

つながりがある顧問先まで千差万別かと思います。

　ここでは顧客の事業承継に関わるような場合として、税理士事務所と顧問先が深い信頼関係の上に成り立っている、主にオーナー会社を想定して対処を考えてみます。

[2] 社長の性格の確認

　まず、社長の性格を確認します。個人事業主か法人のオーナーかを問わず、事業を営んでいる人は個性的な人が多いようです。理解力や洞察力が優れているか、性格は素直か、家族や友人のアドバイスに耳を傾けるか、人情に厚いか、損得で物事を決める傾向があるかなど社長の性格を知ることが必要です。

[3] 家族関係、財産、その他の事情の確認

　次に社長の家族関係を確認します。配偶者や子供の有無、親族で事業に関わっている人の有無、社長に経済的に依存している人の有無など、長い付合いであれば社長の個人的な事情も知っているのではないでしょうか。

　しかし、そういった情報は整理されていない場合がほとんどです。確認してみたら、配偶者だと思っていた人とは入籍していなかったり、兄弟が不仲であったりすることもあります。そのため成年後見制度を利用することになったときには、申立人になれる親族などがいるかを確認しましょう。

　さらに財産状態の確認も重要です。顧問税理士として事業用の財産については把握していても、社長個人の金融機関からの借入れ、子供の教育資金・有価証券などの個人の財産についても、成年後見制度の利用や相続を考えるうえでは整理しておくべきです。

　また、所有と経営の分離が実現しているか、日常的に会社の資金との公私混同がされていないかは、財務の面ばかりでなく、判断能

力の減退時に想定される混乱を防ぐためにもチェックしておくべき項目の1つです。

上記の他に社長や家族の健康状態・病歴、身体的・精神的な障がいはないか、争いごとはないか、親族のなかのキーマンは誰かなどは事業承継を考えるうえで大きな要素となります。

［4］社長の希望の確認

社長が高齢になってきた際に、事業を家族や後継者に引き継がせたいのか、事業譲渡などをしてシニアライフを楽しみたいのかなど、社長の希望を聞いておく必要もあります。

税理士が顧問先の社長と、そのようなことを率直に話すことのできる関係であれば、何らかのきっかけを見つけて話し合ってみるのもよいでしょう。たとえ社長が話さなくても配偶者には話していることもあります。社長の希望と家族や会社の意向が異なる場合は、問題点を整理し、必要であれば第三者を交えて解決策を考えるのも1つの方法です。

2 社長の判断能力が正常であるうちの対応

上記のようなことを総合的に判断して、税理士として事業承継に関与する場合には以下のような点を検討します。

［1］株の承継への備え

会社は株式を介して所有されており、社長が事業を後継者に継承させる意思を持っていれば、株式の移転を速やかに行えるように対策を考えます。単純贈与や事業承継税制の利用が代表的な方法です。

また、設立当時より名義株となっているものがあれば、判断能力が正常なうちから整理しておきます。この場合、上場会社でない限り「取引相場のない株式」による評価が必要となります。そのた

め、毎年の決算が終了した時点で株式の評価額を算出することも大変重要になります。

［2］後継者の準備

社長は自分から引退するとはなかなか言い出さないものです。しかし、自分の片腕となってくれる人材が育ってきて会社を担える実力を付けてきた場合には、後継者として適当かどうかを考えるようになるのです。

後継者に会社を任せる際には、株式を後継者に移転させることと、後継者として取締役などの会社法上の地位を与えることが同時に行われるとは限りません。しかし、社長が後継者を決めた場合は、取締役の登記をしておくようにアドバイスします。それと同時に顧客に挨拶状を送って明らかにしておくと、取引先や金融機関なども後継者のことを認識し、社長が交代した後も安心して取引を行えることがわかるため、必ず有利に働きます。これで社長の交代も円滑に行えるはずです。

［3］問題がある役員の処遇

社長の親族が、能力的にふさわしくないにもかかわらず役員に就任している場合が見受けられます。このようなケースは、事業承継を行ううえで足かせになる場合があります。

社長が社内で影響力を持っているうちに、問題がある役員の処遇を考えるべきです。社長は後継者と相談し、社長を交代するときに問題のある役員も一緒に退任させるなどの方法で問題を解決する必要があります。

［4］遺言書の作成と生命保険の活用

社長が急逝した場合に困るのは家族や社員ばかりではありませ

ん。事前に相続対策をしなかったために相続争いが起こることもあります。万が一に備えて、社長には相続争いを未然に防ぐためにも遺言書の作成を勧めましょう。事業承継税制の適用を考えていなかった場合や、会社を承継する人が相続人でなかった場合などであっても、遺言によって株式を移転することができます。

他にも、たとえば社長が保有する土地の上に会社が社屋を建てている場合など会社経営上で重要な財産と個人の資産が分離できない場合があります。そのようなときは、社長を被保険者、会社を契約者にした生命保険に加入していれば、社長の死亡保険金で会社が土地を買い上げることができるようになるので、資産の整理をすることもできます。

また、相続人のうち会社経営に関わることのない立場の人は、後継者には会社経営から生じる旨味があると考えがちです。後継者以外の相続人からのこのような不満に対しても生命保険は有効です。

この場合、受取保険金はみなし相続財産であるため遺留分の減殺請求の対象とはなりません。しかし、その保険金は実質的には相続人のために用意されたものなので、遺言の付言事項などにより後継者以外の相続人に渡るようにして納得してもらう方法もあります。

[5] 任意後見制度の利用

任意後見制度とは、判断能力があるうちにあらかじめ任意後見契約を結び、将来、本人の判断能力が低下したときに、法律行為を通じて本人を支援保護してくれる人や支援内容を決めておくものです。任意後見制度は、本人の意思を尊重するうえで優れた制度であり、法定後見（後見・保佐）のような欠格事由がありません。

したがって、本人の判断能力が衰えたことから任意後見人を付けても、会社法上は社長の地位が奪われないので、事業を継続する場合も利用できるとの考え方もあります。

任意後見人には、リタイア後の財産管理と身上監護を託すことから、長年付き合っている気心の知れた信用できる人を選ぶようにします。加えて、年齢がある程度離れた若い人であれば理想的です。

　任意後見契約の内容は自由に決められますが、税理士が任意後見人になれば、将来を想定した資金管理や、本人の希望に沿ったシニアライフに協力することができます。

［6］信託による財産管理

　任意後見契約では、財産管理と身上監護が組み合わされていますが、財産については信託の利用も可能です。信託では、委託者・受託者・受益者と信託財産をあらかじめ決めておくことで、判断能力の低下の有無にかかわらず、信託契約に従って財産を運用管理することができます。ただし、信託では身上監護はできません。管理された財産の利用について、任意後見契約と組み合わせることも可能です。

22 個人事業主の「万が一」への備え

Q 現状では事業承継を考えていない個人事業主に対して、万が一の場合に備えて事前に注意すべき対策はありますか。

• • • • • •

A 事業を長年営み続けたということは、その個人事業主に経営能力があるということです。しかし、高齢や病気によって判断能力が衰えてきたとき、それまでのように事業を続けられるかが心配されます。

そこで、個人事業主の能力や健康状態を見極めながら、家族や後継者のための支援を考えます。

1 個人事業主の健康状態の把握

まず、個人事業主の健康状態を把握します。そのためには、普段から健康管理を行ってくれる「かかりつけ医」を決めておくようアドバイスすることです。かかりつけ医は健康面において身近な相談相手になってくれる地域に密着した医療機関です。個人事業主だけでなく家族も日頃から付き合っておけば、個人事業主に認知症の傾向が表れたなどの異変に対して適切に対処することができますし、専門病院への紹介もしてくれます。

その医師が、高齢者の慢性疾患などの治療に必要な適切な認知症診断の知識・技術、家族からの話や悩みを聞く姿勢を習得するための「かかりつけ医認知症対応力向上研修」を受けていれば、より心

強いでしょう。

2 関係者との信頼関係の構築

　個人事業では、従業員や顧問税理士などが個人事業主を支えています。しかし、ワンマン経営を行っている場合は事業のすべてを個人事業主1人が掌握しているケースが多く、何かあったときに従業員や家族が経営面についてまったくわからないということが起こり得ます。

　万が一の事態が生じた際、事業に支障をきたさないように、日頃から顧問税理士が従業員や家族などの関係者とよい関係を結び、信頼関係を構築しておくことが求められます。

　また、顧問先が不動産貸付業であれば、物件ごとに状況を把握することで、収益、キャッシュフロー、将来性などを分析することができます。これとともに、物件ごとの問題点も把握しておくとよいでしょう。もちろん、銀行など取引先との付合いも大切です。

3 整理整頓による経営の効率化

　高齢になってくると整理整頓も疎かになってきます。家族にも協力してもらい、重要な物の置き場所や郵便物などの分別など、家族も把握できるように工夫してもらうことで、経営の効率もよくなるでしょう。

4 個人事業における所有と経営の分離

　個人事業で所有と経営が分離していない場合には、事業主のお金と事業の資金が一体になってしまい、個人事業主に介護や支援が必要になった際に大変困ります。このような状況で成年後見制度を利用した場合には、個人事業主の生活用の預貯金から事業資金も支出することになるため、家庭裁判所から使い込みと指摘されかねませ

ん。

それを回避するために、たとえば不動産の物件ごとに預貯金口座を分けたり、不動産管理会社に依頼したりして、個人事業主が家賃を直接現金で集金するなどの作業が極力少なくなるように指導しましょう。親族で共有している物件が複数ある場合には、不動産管理会社を設立し、その会社が物件を一括管理して各人の口座に家賃を振り込むといった工夫もできます。

5 青色事業専従者の実態把握

同居の親族を青色事業専従者として専従者給与を支払っている場合には、実態の把握が必要になります。

専従者給与が実際に支払われているのか、給与の支払いに対する業務の実態を備えているのかなど、税法上の特例の要件を満たしているかは、個人事業主の判断能力が衰えれば従事実態が把握できなくなることから問題になります。

6 小規模企業共済および生命保険の活用

小規模企業共済は中小企業や個人事業主の退職金や年金の原資として活用されています。掛金は所得控除が受けられる他にも、個人事業主が事業を引退する際には退職金や年金を受け取ることができます。そのため、なるべく早い時期に加入するように勧めましょう。

個人事業主を被保険者とする生命保険の保険料は必要経費にはなりませんが、資産性の高いものや介護特約があるものなど目的に合わせて加入しておくと役に立ちます。

＊

万が一の場合の備えについて、個人事業主に直接助言ができる立場にあるのは税理士しかいません。税理士が家族も交えて相談する機会を設けることも大切です。

23 社長が認知症になった場合の対応

Q 顧問先の社長が、最近物忘れがひどくなったばかりか、決済代金を誤った口座に振り込んでしまうなど認知症が疑われる症状があるのでどうすればよいかとの相談を受けました。どのようなアドバイスをしたらよいでしょうか。

・・・・・・

A まず家族に認知症に対する共通の認識を持ってもらいます。そこから社長自身が行うことが可能な職務の範囲を明らかにし、症状の進行を見ながら対処します。

1 認知症に対する正しい理解の共有

認知症は脳のなかの記憶に関する部分に変化が生じ、生活に支障をきたす病気です。

医師から社長は認知症であるとの診断を下されたら、まず、その進行状況に応じた治療を進めるとともに、家族が認知症に対する正しい理解を持つことが必要です。進行状況によって治療の内容も変わってきますし、家族の対応の仕方によっても症状が強く現れたり、病気の進行を遅らせたりすることがあります。

また、家族だけでなく、福祉・医療の専門家の協力のもと、社長に対応するチームを作ることが家族と社長の双方にとって大切です。

2 成年後見制度の利用の判断

　成年後見制度は、認知症などで判断能力が衰えた人の支援をする制度ですが、認知症になったからといって、すぐ成年後見制度を使わなくてはいけないというわけではありません。

　病状の進み方によっては、日常生活に対する判断能力が常に欠ける状態が現れても、あえて法律行為をする必要がなく、また社長を支援する体制が整っているのであれば法定後見の申立てをすることはありません。

　ただし、会社の社長という立場上、法律行為を行うことは多くありますので、その場合には成年後見制度の利用を考える必要があります。

3 顧問先における問題点

　会社の状況を把握し、社長の現在の判断能力を考慮して、実行が可能な手段と実現までの時間を考えてみましょう。株の所有状況、財産内容、法人登記などについて確認し、取締役の追加を行います。場合によっては、後継者にも代表者に就任してもらいます。

　法定後見の場合は社長が成年被後見人または被保佐人となったときに役員の欠格事由に該当するので、会社の職務執行ができなくなる恐れがあります。

4 任意後見契約の利用の検討

　任意後見契約は、判断能力があるうちに、あらかじめ社長が支援者と支援の内容を決めておくことになります。そして、本人の判断能力が低下したときに、任意後見監督人を選任し、本人に対する支援を行う制度です。

　本人に契約能力があれば、本人が希望する任意後見人のもとで家

庭裁判所の選任した任意後見監督人の監督を受けながら生活・医療・介護などの身上監護や財産管理ができます。

任意後見制度では、社長が後見状態になったとしても、役員の欠格事由にはあたらないとする説もあります。

5 補助類型の利用の検討

任意後見契約の締結能力に疑問が残る場合には、補助類型の利用を検討しましょう。補助類型にあっては、まだ役員の欠格事由には該当せず、多くの法律行為が被補助人の同意のもとに行われるので、比較的軽度の認知症の場合でも利用が可能となります。

また、補助類型には代理権・取消権があるので、被補助人がしてしまった間違った取引について補助人があとから取り消したり、被補助人に代わって補助人が取引をすることができます。

このように使い勝手のよい補助類型を利用すべきです。

6 保佐類型の利用の検討

認知症の症状が進み、保佐類型が相当と診断された場合には、民法13条1項の取引についてQ1の表にあるように同意権・取消権が付きます。この段階で、法人の役員の欠格事由に該当するため、取締役・監査役を続けることはできないことから、退任の手続が必要です。

24 親族が受任する場合の注意点

Q 顧問先から、父親の成年後見開始の審判を申し立てて成年後見人になる予定なので注意点を教えてほしいと相談されました。どのようなアドバイスをしたらよいでしょうか。

A 身内だからといって成年被後見人の財産を自由に費消することはできません。成年被後見人の財産と成年後見人の財産を混在させることのないように区分して管理させることが必要です。収入や支出については出納帳に記録したうえで、領収書などの資料も保管しておくようにさせます。

1 成年後見人への就任

　成年後見開始の審判書は家庭裁判所から成年後見人に選任された人に告知されます。即時抗告の申立てがなければ2週間後に審判が確定し、家庭裁判所から登記番号が通知されますので、最寄りの法務局で「登記事項証明書」を取得してください。これは成年後見人であることの証明となるため、今後の後見事務を遂行するうえで必要になります。

2 就任直後の事務

　成年後見人に就任した直後は以下の点に注意する必要があります。

[1] 成年被後見人の財産の特定

財産管理に際して、成年被後見人自身の財産を特定しなければなりません。預貯金通帳や印鑑を成年後見人以外の第三者が管理している場合は、速やかに引き渡してもらいます。

成年後見人が口座を管理するためには「後見の設定」の手続が必要です。

●成年後見人による金融機関の口座管理（後見の設定）手続

用意するもの	① 登記事項証明書 ② 成年後見人の印鑑証明 ③ 成年後見人の身分証明書（運転免許証など） ④ 成年後見人の実印 ⑤ 成年被後見人の通帳 ⑥ キャッシュカード
手続	取引先の金融機関に「成年後見利用に関する届出書」を提出

成年後見人が財産管理をするからといって、成年後見人自身の個人名義の通帳での管理は絶対にしないでください。

その他に、年金、健康保険、税金などについても、各窓口に成年後見人に選任されたことを連絡して届出書を提出します。

[2] 就任時の報告

成年後見人に選任されたときは、原則として1か月以内に成年被後見人の財産目録と年間収支予定表を初回の報告として家庭裁判所に提出しなければなりません。

財産目録には、書式に従って財産をすべて記載します。年間収支予定表には成年被後見人の収入、生活や身上監護などのために使う費用を記載します。それは、収支のバランスが合うように計画的に使うことを目的としています。

不動産については登記事項証明書、預貯金については通帳のコピー、保険契約で証券が手元にない場合は保険契約が記載された通知書をそれぞれ添付します。

　負債については未払いも忘れずに記載します。成年後見人が後見開始前に立て替えた医療費などは成年被後見人にとっての負債となります。成年後見監督人がついている場合、成年被後見人に対して成年後見人が債権を有しているときには、成年後見監督人が財産調査に着手する前にその旨を申し出なければなりません。この時点で申し出ないと請求ができなくなります。

　また、成年後見人が成年被後見人に対して債務を負う場合も同様に申出が必要です。なお、家庭裁判所の報告により財産管理を開始した時点での財産が確定しますので、報告が終わるまでは、緊急の場合を除いて成年被後見人の財産からの支出はできません。

3 日常の事務

　成年後見人は日常的に以下の点に注意する必要があります。

［1］財産および入出金の管理

　成年後見人は、財産管理の一環として預貯金口座からの現金引出しや口座の解約ができます。口座が多数ある場合は成年被後見人の意思を尊重しながら整理統合し、財産管理を合理化することもできます。その場合にはペイオフ対策にも注意を払う必要があります。

　また、成年被後見人が不動産事業などを営んでいる場合は、生活費の口座と事業用の口座を分けておき、介護サービスの利用料、公共料金、税金、保険料などの支払いに口座振替を利用すると管理するうえで便利です。

　現金については、一定金額を手元に置いておく必要はありますが、成年後見人の財産と混同することがないように入出金のつど現

金出納帳に記帳し、支出については領収書などの証拠書類も保管しておきます。

　成年被後見人が被保険者となっている高度障害保険金や成年被後見人が受取人になっている満期保険金など、生存中に支給される保険金については成年被後見人名義の口座に振り込まれるようにしておく必要があります。

［2］身上監護の状況確認

　生活・医療・介護などの身上監護については成年被後見人の利益を最優先して医療・介護契約などを締結し、適切に医療や介護が行われているか日常的にチェックする必要があります。

［3］家庭裁判所への定時報告

　成年後見人は年1回、家庭裁判所により決められた時期に後見等事務報告書と財産目録を提出しなければなりません。収支状況報告書の取扱いについては裁判所によって異なります。そのために日常的な入出金の記帳、領収証などの資料の整理をしておく必要があります。

4 親族後見人が抱きがちな誤解

　成年後見人は、親族だからといって成年被後見人の財産を勝手に処分することはできません。無断借用、使い込み、流用などは業務上横領となり、家庭裁判所から解任されます。親族の多くは成年後見制度の知識が不足しているため解任される事態に陥る場合があります。解任されると欠格事由に該当することとなり、二度と成年後見人等になることができません。

［1］成年被後見人の財産から支出できるもの

成年被後見人の財産から支出できるのは、生活費の他に、成年被後見人が扶養義務を負っている配偶者や未成年の子などの生活費、債務の弁済金、成年後見人が職務を遂行するうえで必要となる後見事務費などです。
　後見事務費とは、家庭裁判所に提出する書類のコピー代や切手代、交通費（公共交通機関の利用に限ります）、各種手数料など成年後見人が事務をするうえで発生する実費となります。
　配偶者や未成年の子の生活費については、成年被後見人に一定の収入や資産がある場合には、成年被後見人は扶養義務を負っているので、通常必要な費用について支出することになります。

[2] 家計の管理

　成年被後見人と成年後見人の家計は分離して管理するのが原則です。成年被後見人の財産から支出する場合は、贈与とならないように管理する必要があります。たとえば、成年被後見人の口座から引き落とされていた同居の成年後見人一家の水道光熱費などは、成年被後見人が施設に入居した場合には引落口座の変更が必要です。

[3] 成年後見人や親族への贈与の禁止

　贈与は相続対策として有効ですが、成年被後見人の財産を減少させることになるので、原則として成年後見制度を利用している場合には贈与できません。相続対策として、成年被後見人が元気なうちから親族に対して毎年贈与をしていた場合であっても、「成年後見制度利用後も継続的に贈与したい」旨の成年被後見人の明確な意思が書面で残っていなければ、基本的に成年後見が開始された後の贈与は認められません。
　また、孫へのお年玉などは、常識的な金額であれば支出が可能なケースといえるでしょう。

［4］冠婚葬祭などに伴う支出

　成年被後見人の孫の入学祝いや結婚祝い、親族の葬儀の際の香典などを成年被後見人の財産から支出することについても贈与に該当します。しかし、成年被後見人が健常であれば支出したと考えられる近しい関係であり、常識的な金額であれば支出は可能と思われます。

［5］親族などへの融資

　成年被後見人の財産から親族の事業に融資することは、成年被後見人の財産を減少させる恐れがあります。そのため、融資は原則として認められません。これに反して、成年後見人が成年被後見人にとって必要のない融資を行った場合には、成年後見人が善管注意義務違反に問われます。

［6］保険契約の締結と継続

　保険契約については、成年後見開始の前からの契約は、成年被後見人の意思を尊重して原則としてそのまま継続してもよいと思われます。

　しかし、契約数が必要以上に多い場合や、成年被後見人の資産、収入から見て保険料負担が過大な場合などについては、見直したうえで解約する必要があります。

　保険の契約内容に介護特約などが付保されている場合は活用しましょう。また、新たに成年被後見人を契約者・被保険者、成年後見人や親族などを受取人とする生命保険契約をすることは、成年被後見人にとってメリットがないことから原則的には認められません。

［7］有価証券および金融商品などの取扱い

成年後見人は成年被後見人の財産を管理・保全する義務を負っているだけで、元本割れのリスクを冒してまで成年被後見人の財産を積極的に増やす必要はありません。

成年被後見人が成年後見の開始以前から所有していた金融商品については、引き続き保有し続けても問題ありません。その場合には、金融商品の価格変動などに注意を払い、財産が減少しないよう配慮することが求められます。

一方、売却する場合には、価格変動の動向、配当収入が成年被後見人の収入に占める割合、成年被後見人が特別の愛着を持っているものでないかなど、事情を総合的に判断して行うことになります。

5 利益相反行為への対応

成年後見人と成年被後見人との利益が対立する利益相反行為がある場合には、成年後見人に適正な代理権の行使が期待できないので、成年被後見人の利益を尊重するために特別代理人を選任しなければなりません。

特別代理人を選任する場合は、成年後見人は、後見開始の審判をした家庭裁判所に対して、**特別代理人選任申立書 Web** に、特別代理人候補者の住民票または戸籍附票、利益相反に関する書類（遺産分割協議書案、契約書案、不動産登記事項証明書など）を添付して申し立てます。

しかし、成年後見監督人が選任されている場合は、成年後見監督人が成年被後見人を代表するため、特別代理人の選任は不要です。

以下のような場合は利益相反行為となるため特別代理人の選任が求められます。

[1] 遺産分割協議と相続放棄

成年被後見人とその子である成年後見人が共同相続人である場合

における遺産分割協議や、成年被後見人に代わって成年後見人が相続放棄をする場合は、特別代理人を選任する必要があります。

また、複数の成年被後見人に対して同一の成年後見人（成年後見人は相続人ではありません）が選任されており、複数の成年被後見人がいずれも相続人である場合も、1人の成年被後見人を除いた他の成年後見人については、特別代理人を選任して遺産分割を行う必要があります。

[2] 成年後見人と成年被後見人との間の売買契約など

成年後見人が成年被後見人の不動産を購入・賃貸する場合などにも、成年被後見人と成年後見人の利益が相反しているので、その売買契約などを行うときは特別代理人を選任する必要があります。

6 顧問税理士によるアドバイス

顧問先の関係者が成年後見人に就任した際には、スムーズに後見事務を遂行できるように、顧問税理士として折に触れてアドバイスをしましょう。

25 税理士が受任する場合の注意点

Q 顧問先の社長から、父親である先代社長の成年後見人になってほしいと依頼されました。引き受けるにあたっては、どのような点に注意したらよいでしょうか。

●●●●●●

A 成年後見人は成年被後見人の意思と利益を最優先する必要があるので、顧問先の社長やその親族などから要請があっても、成年被後見人の不利益になるようなことはできません。

1 成年後見人候補者となるか否かの検討

　成年後見人は成年被後見人にとって最善の利益を求めて行動することが求められます。顧問先から先代社長の成年後見人候補者になることを依頼された場合、まずは受任すべきかどうかを検討する必要があります。

　顧問先にとっては、面識のない人が専門職後見人に就任して家のなかに入ってくるより、成年被後見人である先代社長とも長い付き合いがあり、会社や家族のこともよく理解している顧問税理士に成年後見人候補者になってほしいと思うのは、日頃から信頼を得ている証でしょう。

　しかし、顧問税理士は顧問先の利益のために仕事をしますが、成年後見人になると、成年被後見人の利益を最優先に考えなければなりません。顧問先の社長やその親族の利益を優先して配慮することは許されず、顧問先と対立する場面が生じることも考えられますの

で、その点も十分に考慮したうえで成年後見人候補者になることを引き受ける必要があります。場合によっては顧問契約を解除して引き受けることも考えます。

候補者になることを引き受けたら、後見開始申立書の「成年後見人候補者」欄に氏名が記載されることになります。候補者は申立てに際して、後見人等候補者事情説明書と住民票または戸籍附票1通を添付します。

家庭裁判所では後見開始の申立書に記載した成年後見人候補者が適任であるかどうかを審理します。その結果、成年後見人候補者とした人が成年後見人に選任されない場合がありますので、その旨を顧問先に伝えておくとよいでしょう。

2 成年後見人への就任

顧問税理士が成年後見人に就任した場合、あるいは親族が就任した場合でも職務の面で変わることはありません。

成年後見人就任後、成年被後見人およびその家族である顧問先の社長一家と面会し、成年被後見人の健康状態などの情報収集と、成年被後見人の財産の引渡しを受けます。引渡しを受ける財産には預貯金通帳だけでなく印鑑や保険証券、年金証書なども含まれます。

引渡しに際しては、引渡確認書、預り証などを2通作成し、1通は引渡しを受けた相手方に、もう1通は成年後見人の手元に保管しておくようにします。

健康保険証、介護保険証、障害者手帳などは、同居の親族や施設などが管理したほうが便利なこともありますので、相談したうえで引渡しを受けるようにしましょう。

また、成年被後見人の日常の生活費の渡し方や精算の方法も具体的に決めておきます。一般的には1か月に1回程度は成年被後見人に面会し、その際に生活費などの精算もすることになります。

3 成年被後見人の親族などへの対応

　顧問税理士に限らず、第三者が成年後見人に就任して後見事務を行う場合、親族や入居施設の関係者などと信頼関係を築くことは、成年被後見人の権利保護にとって有益なことです。しかし、親族などが後見事務に属さない職務まで求めてくる場合もあります。

　成年後見人は親族や施設の便宜のために後見事務を行っているわけではないことや、成年後見人が持つ権限を最初にきちんと説明しておく必要があります。

［1］成年後見人の守秘義務

　成年被後見人の財産状況について親族から尋ねられた場合、成年後見人には守秘義務があるので回答する必要はありません。成年被後見人の財産は成年被後見人自身のものであり、推定相続人にはその内容を質す権利はありません。

　成年後見人が家庭裁判所に提出した財産目録などに対して親族が開示申請をしたとしても、開示が認められないことがあります。

　また、親族から後見事務について不当な圧力がかかることも想定されます。しかし、それに屈することは成年後見人の責務から逸脱することにもなり、万が一、それに応えてしまった場合には、親族間の信頼関係が損なわれるばかりでなく、親族間の争いを引き起こす恐れもあります。親族には、成年後見人の立場を丁寧に説明して理解を得る必要があります。

［2］相続対策を求められた場合

　税理士が成年後見人となった場合、成年被後見人の親族が相続対策を求めてくることも考えられますが、成年後見人には成年被後見人の利益を確保する義務があります。相続税は相続人などが負担す

べきものですから、成年被後見人の財産を減少させて相続人などの利益を図るような相続対策をしてはいけません。

[3] 親族への贈与などを求められた場合

成年後見制度を利用した後は、受贈者が親族であるか否かにかかわらず、成年被後見人の財産から贈与を行うことはできません。

また、成年被後見人の財産から親族の冠婚葬祭費用の支出をすることは、社会常識の範囲内であることや、成年被後見人が保有する財産も考慮して判断することになります。

4 その他の対応

ここまでに述べたような対応の他にも以下のような場合には注意が必要です。

[1] 成年被後見人が会社の株主である場合

成年後見人は法定代理人ですから、成年被後見人が株式を保有している場合は、成年後見人が株主権を行使することも原則的には可能ですが、実際に行使すべきか否かは検討の余地のあるところです（株主権についてはQ38参照）。

税理士が顧問先より成年後見人への就任を依頼された場合には、成年被後見人がその顧問先の株式を所有するケースが多く見受けられます。その場合、成年後見人である税理士が株主権を代理で行使することは利益相反行為にあたります。そのため顧問税理士である成年後見人は成年被後見人の代理人として株主権を行使することはできません。

このように、成年被後見人の株主権は、成年後見監督人がついている場合には成年後見監督人が行使することになりますし、成年後見監督人がいない場合には特別代理人の選任が必要となります。し

かし、議決権の行使には問題が残るところです。

［2］成年被後見人の税務申告を行う場合

　顧問税理士が成年後見人に就任する場合には、それ以前から成年被後見人の税務申告をしていることがあります。

　成年後見人に就任した場合は、それまでの手続に加え、申告書には成年被後見人の住所・氏名の他に、法定代理人として成年後見人の住所・氏名も併記して押印する必要があります。

　また、税務申告に伴う報酬は、成年被後見人の財産から支出することはできません。成年後見人としての行為であるため、家庭裁判所に報酬付与の申立てをすることになります。つまり、業務報告に確定申告をした旨も記載し、報酬付与の審判に委ねることになります。

26 家庭裁判所への対応

Q 成年後見人に選任されましたが、家庭裁判所とはどのように接したらよいでしょうか。

A 決められた時期に行う後見事務報告や裁判所の許可を得なければならない事項が発生したとき以外でも、財産管理上で大きな動きが生じる可能性がある場合や判断に迷うような場合には、成年後見人等は事前に報告書を提出して家庭裁判所の意向を確認しておくことが望ましいと思われます。

1 家庭裁判所による成年後見人等の監督

家庭裁判所が成年後見人等の職務を監督するとの文言を定めた規定はありませんが、家庭裁判所は成年後見人等による事務が適正に行われているかどうかを確認するために、成年後見人等による後見事務報告などを求め、財産の状況を調査しています。

2 成年被後見人の居住用不動産の処分

成年後見人が成年被後見人の居住の用に供している建物またはその敷地などの居住用不動産を処分する場合には、**居住用不動産の処分の許可申立書** Web を家庭裁判所に提出し、許可を得る必要があります。

居住用不動産とは、現に居住し、または過去に居住していた建物、もしくは将来居住する予定のある建物とそれらの敷地のことを

●成年後見人等による事務報告が必要となる時期と提出書類

報告が必要となるとき	報告の時期と提出書類
就任時	就任後1か月以内に財産目録と年間収支予定表を提出
周年報告	年1回(指定の時期に)、後見事務報告書を提出
終了時	成年被後見人等が死亡したときは、その死亡を証明する資料(除籍謄本、死亡診断書のコピーなど)を添付し、後見事務報告書(終了時報告)、財産目録を提出

いいますので、施設入所中の成年被後見人が入所直前まで居住していた建物や、近い将来に転居する予定で建築した建物で居住実績がない建物なども居住用不動産に含まれます。

しかし、成年被後見人が一度も居住したことがなく、今後も居住する予定のない建物とその敷地は含まれません。また、「処分」とは売却だけでなく、(根)抵当権の設定、取壊し、賃貸、賃貸借の解除などが含まれます。

成年被後見人がリバースモーゲージを利用する場合には、成年被後見人の居住用不動産に担保権を設定するため、居住用不動産処分の許可の申立てをする必要があります。

申立てに際しては申立書の他に次のような書類などを添付する必要があります。

- 不動産の全部事項証明書、固定資産評価証明書
- 処分に関する契約書(案)の写し
- 不動産業者作成の査定書
- 処分の必要性を証する書面
- 成年被後見人の現在の生活状況や将来の居住環境に関する見通しについての報告書
- 成年後見監督人が選任されている場合は成年後見監督人の同意書

3 その他の報告事項

　裁判所に相談する場合には、電話などではなく紙面による**連絡票** **Web** を提出する形式により行うのが好ましいとされています。この場合の連絡票には定められた様式はありません。

［1］非居住用不動産の処分

　成年被後見人の生活費や入所費用などを捻出するために不動産を売却するなど、その処分が成年被後見人の生活の維持などに必要である場合は、居住用不動産と同様に売却の条件などが成年被後見人に不利なものとなっていないようにしなければなりません。

［2］親族への生活費および教育費の支出

　成年被後見人の財産によって配偶者や未成年の子の生活が支えられている場合は、成年被後見人の財産の範囲で扶養のための支出をすることができます。

　ただし、成年被後見人の将来の生活に不安がない限りにおいて、成年被後見人が以前より生活費を負担していた事実があることや、それが合理的な金額である場合など限定的に考える必要があります。そのため家庭裁判所の確認をとっておくほうがよいでしょう。

［3］財産管理以外の報告

　管理財産の内容の変化だけでなく、成年被後見人の住所、居所の変更などがあった場合にも家庭裁判所に報告しておくことが妥当です。日頃の相談・報告を通じて担当書記官とよい関係を築いておくように努める必要があります。

Column

参与員の役割

　成年後見制度では、家庭裁判所の参与員が申立人や成年後見人等から事情聴取や書面審査を行うことがあります。

　成年後見人等が行う後見事務の報告は、毎年、家庭裁判所から指定された時期に書面で提出することが義務付けられていますが、参与員は成年後見人等が提出した後見事務報告書や財産目録を確認し、不正がないかを審査します。

　具体的には、前回報告時の財産有高に成年被後見人等の生活費の収入・支出と臨時収入・支出を加減し、財産有高に齟齬が生じていないかなどを精査し、後見事務の適正の可否を参与員意見書にまとめて裁判官に提出します。

　成年後見人等の報酬付与の申立てについても、参与員が書面審査をし、裁判官はその意見書を参考にして報酬付与を決定することがあります。このことからも参与員の役割は重要であるといえます。

　参与員制度は、家庭裁判所の家事事件に対して民間人が一般常識に基づく良識的な意見を述べ、裁判官がその意見を参考にして事件を妥当に解決することを目的に戦後間もなくできた制度です。

　参与員には、弁護士、司法書士、税理士などの専門職、団体職員や主婦などが広く選任されています。

Ⅱ 成年被後見人等が死亡した場合

27 成年被後見人等の死亡時の手続

Q 成年被後見人等が死亡した場合の手続について教えてください。

A 成年被後見人等が死亡した場合、成年後見人等は家庭裁判所への報告、相続人に対する管理の計算、後見終了の登記などの職務を行う必要があります。

1 成年被後見人等の死亡時の事務

　成年被後見人等が死亡した場合、遺体の引取りや火葬および埋葬、成年被後見人等の生前における医療費をはじめとする債務の支払い、あるいは家財の整理など様々な事務が発生します。相続人が存在しない場合、あるいは所在がわからないなどといった場合、成年後見人等は、これらの事務への関与や処理を求められる場合があります。

2 義務的事務の範囲

　法定後見の終了に際し、成年後見人等が当然に行わなければならない事務を「義務的事務」といい、家庭裁判所への報告、後見終了の登記、相続人に対する管理の計算などがあります。

3 急迫の事情がある場合の応急処分義務

　成年被後見人等の死亡により、成年後見人等はその職務を終えます。そのため、本来は成年後見人等が義務的事務以外の死後事務を行う必要はありません。しかし、「急迫の事情」がある場合には相続人および法定代理人に代わって必要な処分を行うことが求められます。これを「応急処分義務」といいます。

　成年被後見人等の死亡により当事者としての地位は相続人に承継されることになります。しかし、急迫の事情がある場合には、成年後見人等の後見事務が延長・継続すると考えて、この応急処分義務の範囲を限度として、相続人に代わって応急処分義務に基づく事務をすることになります。

　成年後見人等が行う事務は、成年被後見人等の財産管理と身上監護に関するものに限られているため、応急処分義務に基づく死後事務の範囲も、当然ながらそれまでの後見事務の範囲内になります。

　成年後見人等がその職務を終えた後の死後事務（埋葬・火葬や債務の支払いなど）は、成年被後見人等の死そのものに付随するものです。そのため、これらの死後事務は、財産管理および身上監護には直接該当しない事務といえるので、これらの死後事務をすべて応急処分義務に基づく事務とすることには疑問が残ります。

　死後事務における応急処分義務の範囲は、急迫の事情を考慮した限定的な事務と考えられます。

　成年被後年人等が亡くなったことによる急迫の事情は、急迫度と事務を引き継ぐ相続人などの存否・状況などをもとに判断します。

　成年被後見人等の死亡後、成年後見人等は財産の引渡しおよび事務の引継ぎのために相続人の有無を調査することになり、その結果が「急迫性の有無」を判断する基準となります。

　急迫性があると認められる状況には次のような例があります。

- 調査の結果、相続人がいないと判明したものの相続財産管理人が選任されておらず、事務を引き継ぐことができないとき
- 戸籍上では相続人の存在が判明しているものの、相続人と連絡が取れないとき
- 相続人が外国などにいて直ちに事務を引き継ぐことができないとき
- 相続人に意思能力がないか、あるいは行為能力を喪失しているとき

4 民法改正による成年後見人等の権限の拡充

平成28年に民法が改正され、成年被後見人等の死亡後の成年後見人等の権限が広がりました。

これまでは、成年被後見人等が亡くなった際に成年後見人等に認められなかった次の行為が**死後事務許可申立書** **Web**（成年被後見人の死亡後の死体の火葬又は埋葬に関する契約その他相続財産の保存に必要な行為においての許可申立書）を家庭裁判所に提出することで、できるようになりました。

- 相続が完了するまでの間に限定した相続財産の保存に必要な行為や債務の弁済
- 火葬や埋葬に必要な契約の締結

ただし、「相続財産に属する特定の財産の保存に必要な行為」および「相続財産に属する債務の弁済」以外の行為を行うためには、家庭裁判所の許可が必要です。また、たとえ必要な事務であったとしても、その事務を行うことが相続人の意思に反する場合は、これらの行為は認められません。

28 成年被後見人等の死亡時の事務報告

Q 成年被後見人等が死亡した場合の家庭裁判所などへの報告について教えてください。

●●●●●

A 成年被後見人等が死亡すると管理の計算および終了の登記を行います。

1 家庭裁判所への報告と手続（管理の計算）

　成年後見人等は成年被後見人等が死亡した場合、速やかに家庭裁判所へ成年被後見人等が死亡したことを報告し、成年後見終了の手続を行います。

　成年後見人等の任務が終了したときは、成年後見人等は2か月以内にその管理の計算を行わなければなりません。これは成年被後見人等が死亡した場合だけでなく、審判の取消しや成年後見人等の辞任・解任があった場合も同じです。

　このとき成年後見人等は成年被後見人等の戸籍・除籍謄本などを家庭裁判所に提出し、家庭裁判所から送付された後見終了の報告書に記載したうえで、指示された添付書類とともに提出します。

　例年の定時報告と異なるのは財産・負債を記載する財産目録の作成です。終了時に作成する財産目録は相続人などに引き継ぐ財産の目録にもなりますので慎重に作成する必要があります。

　その財産目録には、死亡日における銀行預金などの残高証明や不動産の登記事項証明書のように発行に際して手数料を請求される書類のほか、病院・介護施設の請求書など未払金に関する資料も添付

して提出しなければなりません。

その他に生命保険証書や損害保険証書の写しなども提出しますので、裁判所への報告書提出後には、法定後見の開始時から預かっているすべてのものの一覧を作成しておくことをお勧めします。

2 法務局への終了の登記申請

成年被後見人等が死亡した場合は、成年後見人等が登記申請書（終了の登記）に記載のうえ、東京法務局後見登録課に終了の登記を申請しなければなりません。また、各地の法務局へ直接、登記申請書を提出することもできます。

3 成年後見人等への報酬付与と債務の支払い

成年後見人等は管理の計算を行いますが、同時に報酬付与の申立ても行います。法定後見が継続しているときは、裁判所の審判により決定した金額を成年被後見人等の預金口座から引き出しますが、成年被後見人等が死亡している場合は、裁判所による報酬の審判額を相続人などへ伝えて支払いを受けます。

このことを相続人が理解していない場合には、「勝手に相続財産から引き出された」と思い込んで争いになるケースもあるため、十分な説明を心がけます。

また、成年後見人等は成年被後見人等の死亡後から財産の引渡しまでの間、家庭裁判所の許可を得てすでに弁済期が到来している債務の支払いをすることもできますので、その場合には該当する期間の支払いを明確にし、争いが生じないように請求書や領収書など疎明資料の整理および保管をするようにします。

29 成年後見人等の管理財産の引渡し

Q 成年被後見人等の死亡後、相続人に対する財産の引渡しについて教えてください。

A 成年後見人等は成年被後見人等の死亡後、管理の計算の結果を相続人に報告し、相続財産を引き渡します。

1 管理財産を引き渡すまでの流れ

　成年後見人等は、成年被後見人等の死亡から2か月以内に管理の計算を行います。その計算が終了した後は速やかに相続財産を相続人に引き渡すことになります。また、家庭裁判所に対して報酬の付与申立てを行って、審判が下された場合には、遺産を引き渡す際に報酬控除をさせてもらうとよいでしょう。

　なお、管理の計算の終了時から成年後見人等が相続人へ返還すべき金額に対して利息が発生しますので注意してください。

2 財産の引渡しで成年後見人等が直面する問題

　相続財産を引き渡すまでの間、成年後見人等が成年被後見人等の相続人である場合は、相続人の資格によって成年被後見人等の財産管理を継続することができます。一方、相続権のない第三者後見人については応急処分義務、事務管理、後見終了時の管理の計算の直接効果などを理由に管理を継続することができますが、成年後見人等が直面する問題点として以下のようなものが考えられます。

[1] 相続人が複数いる場合

　成年後見人等は相続人が1人の場合はそのまま財産を引き渡せばよいのですが、相続人が複数いる場合は相続人の代表を決め、全員に同意書をもらってから代表者に引き渡すか、分割協議をしてもらって各相続人に引き渡します。

　家庭裁判所によっては相続人の1人に対しての引渡しで足りるとの取扱いもありますが、クレームを受ける可能性があるので相続人全員から同意をとるなど慎重に対処する必要があります。

① **不動産**

　土地の場合、所有権は成年被後見人等の死亡により相続人に帰属することになります。死亡者名義のままでは処分などができないので、相続人全員へ財産目録の交付を行います。

　建物についても同様です。建物内の動産を持ち出して処分したりできないように財産目録に記載するのはもちろん、写真を撮るなど動産の内容を後で確認できるようにしておく必要があります。

② **預貯金**

　成年被後見人等が死亡した旨を金融機関へ通知した後、遺産分割協議書か相続人全員の印鑑証明書と実印を押した書面が揃えば預貯金の引出しができます。なお、戸籍謄本を求められる場合もあります。

③ **現　金**

　相続人全員の同意により引渡しをすることが望ましいでしょう。

④ **年金・税務処理**

　必要があれば年金や税務の処理も応急処分義務として行うことがあります。

[2] 相続人の間で争いのある場合

　成年後見人等は相続人の間で紛争があっても、共同相続人のなか

に協力者がいる場合には、その協力者に遺産分割と遺産分割審判前の保全処分による遺産管理人の選任の申立てなどをしてもらうことができます。遺産管理人が選任されれば、その人に管理財産の引渡しができます。

[3] 相続人がいるかどうかが明らかでない場合

相続人がいるかどうかが明らかでないときや、相続人全員が相続を放棄したときなどは、成年後見人等は家庭裁判所に申立てをして相続財産管理人を選任してもらうことができます。これは相続財産を管理して最終的に精算するための制度であり、成年後見人等は利害関係人として申立人となることができます。相続財産管理人が選任されれば、その人に管理財産の引渡しができます。

[4] 相続人が行方不明または生死不明の場合

相続人が行方不明の場合や、相続人が生死不明の場合などには、成年後見人等が家庭裁判所に申立てをして不在者財産管理人を選任する方法があります。そして、不在者に代わってその人に管理財産の引渡しができます。

[5] 相続人がいない場合

相続人がいない場合には、成年後見人等が利害関係人として相続財産管理人選任の申立てをすることができます。家庭裁判所が選任した相続財産管理人に対して管理財産の引渡しを行います。

[6] 遺言書の有無と相続財産の引渡し

成年被後見人等が遺言書を作成している場合においては、遺言執行者が選任されていれば、その人に相続財産引き渡すこととなります。選任されていなければ遺言の内容に基づいて成年後見人等は相

続人または受遺者に管理財産を引き渡すこととなるでしょう。

遺言のない場合には相続人の間で遺産分割協議をしてもらい、その結果に従います。

Column

空き家対策

特別養護老人ホームに入所しているAが亡くなりました。Aは大阪に自宅がありましたが、戦前に建築された建物であり、築80年以上経っています。また、一人息子のBは東京で暮らしています。

Bは相続したAの自宅について、今後どのようにしていけばよいかをAの成年後見人であった税理士のCに相談しました。Bは、建物をそのままにしておこうと思っていました。というのも、固定資産税の優遇措置があり、また解体費用も不要だからです。

平成27年に空き家対策特別措置法が成立したため、放置された空き家に対して、著しく保安上の危険、あるいは衛生上有害となる恐れがある場合には、強制的に取壊しができる規定が設けられました。

そして税制上の特例措置として、相続人が相続により生じた昭和56年以前に建築された一定の空き家または当該空き家の取り壊し後の敷地を平成28年4月1日から平成31年12月31日までの間に譲渡した場合には、3,000万円の特別控除ができる——これらのことをCから教えてもらいました。

Bは、親の自宅を売却することにしました。

30 成年被後見人等に相続人がいない場合の対応

Q 成年被後見人等に相続人がいない場合の相続財産の引渡しについて教えてください。

A 成年後見人等は成年被後見人等に相続人が存在しない場合や、成年被後見人等の相続人全員が相続放棄を行った場合は、利害関係人として相続財産管理人の選任を家庭裁判所に申し立てます。そして、選任された相続財産管理人に対して相続財産の引渡しを行います。

1 相続財産管理制度の概要

相続人が存在しない場合、相続財産は法人となります。ただし、法人自体に意思はないので相続財産の処分を進めるために、家庭裁判所は利害関係人または検察官の請求によって、相続財産管理人を選任しなければならないとされています。成年後見人等は事務管理を行っている利害関係人として、成年被後見人等の相続の開始地を管轄する家庭裁判所に、相続財産管理人の選任を申し立てることができます。

相続財産管理人を選定することで相続財産を引き渡す相手を確定させ、相続財産を引き渡さなければなりません。

相続財産はその代表者とされる相続財産管理人により精算され、特別縁故者がいる場合には、相続財産の一部または全部が分与されることがあります。その後、最終的に残余財産があれば国庫に帰属

させることとなります。

2 相続財産管理人の業務

相続財産管理人の選任申立てから残余財産の国庫帰属までの手続は次のようになります。

●相続財産管理人の手続の流れ

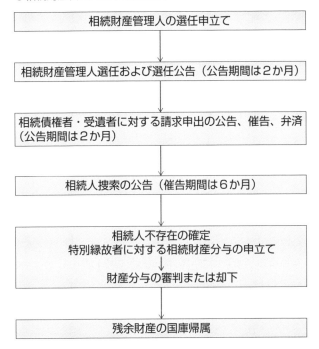

この手続の流れは、相続人の捜索と相続財産の管理・精算とに分けられ、両者が並行して進められます。

相続財産管理人の選任の審判が下されると、申立人である成年後見人等に告知されますので、選任された相続財産管理人に財産の引渡しを行うことになります。その際は、引継書 Web に署名捺印をしてもらったうえで受領します。

> **Column**
>
> ## 戸籍などの職務上請求書
>
> 　成年後見人等に就任してから戸籍関係の調査をすることができます。
>
> 　医療に関して親族に確認するなど成年後見人等としての業務上必要な場合は、税理士会を通じて戸籍謄本を請求して取寄せができますので、業務外であっても正当な理由がある場合には戸籍謄本の取寄せができます。税理士会で成年後見の登記事項証明書を提示すれば、戸籍などの請求書（税理士業務以外）が入手できますので、あらかじめ成年被後見人等の親族関係を確認することも可能です。
>
> 　成年後見人等をしていると、ある日突然呼び出されることがあります。その最たるものが成年被後見人等が亡くなったとの連絡です。成年後見人等は死亡届を出すことができるばかりでなく、親族がいない場合などには火葬・埋葬の手配をすることになります。
>
> 　相続人への連絡が遅れて火葬してしまった後でやっとお墓がわかったなどということもあります。また、菩提寺が調べきれなかったために、その菩提寺から「この寺で葬儀をあげないと埋葬できない」と言われ、やむを得ず別の埋葬場所を探したというようなケースもあります。

III 後見事務に対する報酬

31 報酬付与の申立手続と報酬額

Q 専門職後見人が報酬付与を受けるためには、どのような手続が必要ですか。

A 専門職後見人が報酬を受け取るためには、家庭裁判所に対して「報酬付与の審判」の申立てをし、審判を得る必要があります。

1 報酬付与の審判の申立て

　後見人の報酬は民法862条で「家庭裁判所は、後見人及び被後見人の資力その他の事情によって、被後見人の財産のなかから、相当な報酬を後見人に与えることができる」とされています。

　したがって専門職後見人は、成年被後見人等の財産から事務内容に応じた報酬を受け取ることができます。この場合、成年後見人等は家庭裁判所に「報酬付与の審判」の申立てをする必要があります。

　家庭裁判所は成年後見人等として働いた期間、成年後見人等の行った事務内容、成年被後見人等の財産の額などを考慮して報酬付与が相当かどうかや報酬の額を決定します。

　成年後見人等は家庭裁判所から報酬を付与する旨の審判がされた後、認められた額を成年被後見人等の財産から報酬として受け取る

ことになります。その際、もし家庭裁判所が決定した報酬額に不服があっても、不服の申立てはできないものとされています。

２ 報酬付与の申立てに必要な書類など

報酬付与の申立てにあたっては次のような書類などが必要です（裁判所により異なります）。

① **家事審判申立書（報酬付与申立書）** `Web`
② 収入印紙（800円、申立書に貼付）
③ 郵便切手（82円）
④ 添付書類
  - **報酬付与申立事情説明書** `Web`
  - 後見等事務報告書
  - 財産目録
  - 預貯金通帳の写しなど
  - 付加報酬を求める場合の資料

確定申告など特別な事務を行った場合には、「報酬付与申立事情説明書」に記載し、詳しい資料を「付加報酬を求める場合の資料」として添付することができます。

３ 報酬付与の申立ての時期

報酬付与の申立てをする際には後見事務の内容を報告する必要があるので、後見等事務報告書の提出あるいは職務終了の報告書の提出に合わせて申立てをしてください。

32 専門職後見人の報酬のめやす

Q 専門職後見人の報酬にめやすはあるのでしょうか。

A 家庭裁判所が公開している資料に、成年後見人等の報酬のめやすを示したものがあります。そのなかに専門職が成年後見人等に選任された場合のめやすが記載されています。

1 標準的な報酬のめやす

　成年後見人等に対する報酬は、申立てがあったときに審判で決定されます。ただし、報酬の基準は法律で決まっているわけではありません。

　裁判官は対象期間中の後見事務の内容、成年被後見人等の財産内容などを総合的に考慮して、その裁量により各事案における適正な金額を算定して審判をします。

　専門職が成年後見人等に選任された場合について、これまでの審判例および実務の算定実例を踏まえた標準的な報酬額として、①基本報酬、②付加報酬、③複数の成年後見人等がいる場合の報酬のめやすは次のとおりです。

① 基本報酬

　成年後見人等が通常の後見事務を行った場合の報酬（基本報酬）のめやすとなるのは月額2万円です。

　ただし、管理財産額（預貯金および有価証券などの流動資産の合計額）が高額になる場合は財産管理事務が複雑・困難になることが多いので、基本報酬は次のようになります。

- 管理財産額が1,000万円超〜5,000万円以下の場合：月額3〜4万円
- 管理財産額が5,000万円超の場合：月額5〜6万円

② **付加報酬**

成年後見人等の後見事務において身上監護などに特別困難な事情があった場合には、上記の基本報酬の50％の範囲内で相当額の報酬を付加するとされています。

また、成年後見人等が報酬付与申立事情説明書に記載されているような特別な行為をした場合には、相応の報酬が付加されることがあり、このような報酬を「付加報酬」といいます。

具体例

① 訴　訟

成年被後見人が不法行為による被害を受けたことを原因として、加害者に対する1,000万円の損害賠償請求訴訟を提起し、勝訴判決を得て管理財産額を1,000万円増加させた場合：約80〜150万円

② 遺産分割調停

成年被後見人の配偶者が死亡したことによる遺産分割の調停を申し立て、相手方の子らとの間で調停が成立したことにより、総額約4,000万円の遺産のうち約2,000万円相当の遺産を取得させた場合：約55〜100万円

③ 居住用不動産の任意売却

成年被後見人の療養看護費用を捻出する目的で、その居住用不動産を家庭裁判所の許可を得て3,000万円で任意売却した場合：約40〜70万円

③ **複数の成年後見人等がいる場合の報酬**

成年後見人等が複数の場合には、基本報酬および付加報酬の額を担当した事務の内容に応じて適宜の割合で按分します。

2 親族後見人に対する報酬

　親族後見人は親族であることから報酬付与の申立てがなされないことが多いのですが、親族後見人も専門職後見人と同様に家庭裁判所に報酬付与の申立てをすることにより、家庭裁判所が決定した報酬を受け取ることができます。

　これは親族後見人も成年後見人等として財産管理や身上監護に関する後見事務を行い、法的責任を負う立場にあるためです。

　ただし、家庭裁判所が決定した報酬額に不服があっても、不服申立てはできないものとされています。

33 助成金制度の活用

Q 成年後見人等への報酬が支払えない場合でも成年後見制度を利用できますか。

A 報酬を負担する資力がない人でも成年後見制度を利用できるように各種制度があります。

　具体的には、市区町村による成年後見制度利用支援事業の報酬助成、公益財団法人 成年後見センター・リーガルサポートによる公益信託成年後見助成基金、日本税理士会連合会による成年後見助成金制度などが利用できます。

1 成年後見制度利用支援事業による助成

　成年後見制度利用支援事業とは、成年後見制度の利用が有効と認められるにもかかわらず、制度に対する理解が不十分であることや費用負担が困難なことなどから成年後見制度の利用が進まないといった事態に陥らないように、市区町村による成年後見制度の利用を支援する事業に対して国が補助を行う厚生労働省の事業です。

　市区町村による取組事業の一例として、成年後見制度の利用に係る経費に対する助成があります。この助成を実施している市区町村では、成年後見人等の報酬の一部などを補助してもらうことが可能です。ただし、市区町村により制度実施状況にはばらつきがあり、実施内容や制度利用者の基準も異なっています。

2 公益信託 成年後見助成基金による助成

　公益信託 成年後見助成基金は、収入や財産が少ない場合でも成年後見制度を利用できるように、公益社団法人成年後見センター・リーガルサポートが中心となって設立した基金です。成年後見人等（親族は対象外）へ支払う報酬が助成されます。

3 日本税理士会連合会による成年後見助成金制度

　成年後見助成金制度は、日本税理士会連合会（日税連）が成年後見制度への積極的な参画を促すとともに、より多くの会員が成年後見制度に携わり、税理士が社会貢献に取り組めるように創設した助成金制度です。

　成年後見助成金の取扱いについては、各税理士会で必要事項が定められています。具体的には、成年被後見人等の財産がない場合や著しく少ないことにより成年後見報酬の支払いを受けられない場合に、各税理士会を通じて日税連の成年後見支援センターに申請すれば、5年間に限り月1万円相当額（他の助成の額を含みます）が助成されます。この他に、いくつかの単位税理士会でも助成金制度を設けていますので、その詳細については各税理士会に問い合わせてください。

第3章

成年後見制度の税務と法務

Ⅰ 成年後見制度と税務

34 成年被後見人等の所得と税務

Q 成年被後見人等に不動産所得や事業所得がある場合に注意すべきことを教えてください。

● ● ● ● ●

A 成年後見人等が成年被後見人等の財産管理をより円滑に行うために、事業用資金と生活資金をできるだけ分離させることをお勧めします。

1 事業用資金と生活資金の分離

　成年被後見人等の生活が事業収入のなかでやりくりできているか、また、現在保有する賃貸不動産が成年被後見人等の収入維持につながっているかを把握します。そして、事業におけるキャッシュフローや運転資金と成年被後見人等の生活資金は分離して管理します。

　また、家庭裁判所や成年後見監督人等から成年後見人等に対して報告を求められたり調査が行われる際には、事業用資金と生活資金を分離しておいたほうが財産の管理状況の説明がしやすくなります。

　法定後見の開始時に事業用資金と生活資金が混在している場合は、家賃の入金口座の変更や、経費と生活費の引落口座の分離を

行って、できるだけ区分して管理するようにします。

　なお、所有と経営を明確に分離させるための方策として、成年後見制度を利用する前に法人成りをすることも有効です。

2 青色事業専従者給与の実態の確認と支給額の改定

　成年被後見人等に事業的規模の賃貸不動産があり、その管理・維持を成年被後見人等と生計を一にする親族に任せ、その対価として青色事業専従者給与を支払っている場合があります。この専従者給与の支払いについて家庭裁判所から指摘を受けるケースがあります。

　専従者給与は、事業者が成年被後見人等でなくても、生計を一にする親族に支払う際にお手盛りになりがちです。そのため、その労務の事業への従事期間や労務の性質を鑑みて専従者給与の金額が実態に沿った適正なものであるかが問われます。

　成年後見制度は判断能力が十分でない人を法律的に保護して支援する制度なので、特に財産管理に関しては厳格な運用を求められているのがその理由であると考えられます。

　したがって、法定後見が開始された後の専従者給与の増額改定は難しいので、生計を一にする親族は事前に経済的に自立させる必要があります。

> *Column*
> # 成年後見に関連する国税庁の文書回答事例
>
> 　国税庁が公表する成年後見に関連する文書回答事例には次のようなものがあります。今後も成年後見に関する文書回答事例は増えていくと思われます。
> 　① 成年後見人の後見報酬について収入すべき時期は報酬付与の審判の行われたときとする。
> 　② 成年被後見人の居住用不動産を譲渡するにあたって、居住用不動産処分許可申立手続に係る費用は譲渡経費となる。
> 　③ 相続税については、成年被後見人は特別障害者として扱う。
> 　④ 所得税についても、成年被後見人は特別障害者として扱う。

35 成年被後見人等の居住用不動産の処分と税務

Q 成年被後見人が介護施設に入所することになったため、自宅を売却するか賃貸するかして施設の費用などにあてようと考えています。成年後見人として注意すべきことはありますか。

● ● ● ● ●

A 成年被後見人等が所有する自宅の売却・賃貸は居住用不動産の処分にあたるので、契約前に成年後見人は家庭裁判所へ申立てを行い、許可を受けてから契約をしなければなりません。申立書には売買契約書の案を添付する必要があります。

1 自宅の処分方法の検討

自宅の処分は、その売却、賃貸、賃貸借の解除、抵当権の設定、贈与、使用貸借、譲渡担保権、仮登記担保権、質権設定など広範囲に及びます。同じ施設のなかで部屋を変わることも処分にあたる場合があるようです。

[1] 賃貸または売却の選択の検討

住居を移転する場合、それまでの住居を賃貸する、売却する、空き家にするなどのパターンが考えられます。しかし、ある程度の額の一時金や毎月の費用が必要となる施設への入所を考えると、その資金を捻出するために自宅の賃貸または売却を考えざるを得ない場合が多いようです。

[2] 賃貸する場合

　自宅を賃貸する場合は、自宅を手放すことなく賃貸収入を施設の入所費用などに充当できるという経済的メリットがあります。

　ただし、賃貸物件の管理を誰が行うかをあらかじめ考える必要があります。また、将来的に物件の老朽化などに伴う大規模修繕などの費用が発生する可能性があることも視野に入れておく必要があります。さらに、一度賃貸してしまうと、売却したいときにすぐ売れないというデメリットも考えておくべきです。

[3] 売却する場合

　自宅を売却した場合は、その売却代金で施設入所時の一時金などの高額な費用を賄うことができます。しかし、空き家問題が社会現象となっているように、住宅が供給過剰である昨今は、売りたくてもなかなか買い手が見つからない状況にあります。

　とはいえ、買い手がすぐに見つかるような立地条件がよい物件であれば成年後見人等はより高値で売却できるように配慮する必要があります。

[4] 空き家にする場合

　手持ち資金がある場合は、自宅を賃貸または売却せずに空き家として所有し続けることも考えられます。手持ち資金が十分にあるのに、その管理維持が面倒なので売却を考えるような場合や、値上がり益をねらって売却する場合などは家庭裁判所が許可するかは疑問です。

　しかし、空き家のままでは老朽化に拍車がかかり、思わぬ天災や人災がもとで第三者に被害を及ぼす可能性もあります。そのような場合には、所有者としての損害賠償責任を成年被後見人等が負うの

はもちろん、成年後見人等も管理者責任を負うことになります。そのため、売却などの処分を検討することも合理性があるように思われます。

2 居住用不動産を譲渡した場合の確定申告

　成年被後見人等が居住していた不動産を譲渡した場合は所得税の確定申告が必要となります。成年後見人等は売買契約書、住民票（除票）または戸籍の附票、購入時の取得価額がわかる資料を用意し、譲渡所得の計算をして他の所得とともに確定申告をします。譲渡所得の計算および税額は次のとおりです。

【譲渡所得金額の計算】

> 譲渡所得金額＝
>   譲渡価額－必要経費（取得費＋譲渡費用(注1)）－特別控除(注2)

　（注1）　譲渡費用とは、仲介手数料、測量費、収入印紙、家庭裁判所への申立費用など譲渡をするために直接要した費用です。
　（注2）　詳細は131ページのコラム参照。

【税額】

- 長期譲渡（譲渡年の1月1日において所有期間が5年超の不動産の譲渡）所得の場合

> 課税長期譲渡所得金額×税率（所得税15.315％、住民税5％）

- 短期譲渡（譲渡年の1月1日において所有期間が5年以下の不動産の譲渡）所得の場合

> 課税短期譲渡所得金額×税率（所得税30.63％、住民税9％）

3 不動産を賃貸した場合の確定申告

　不動産を賃貸した場合に生じる不動産所得については、原則として毎年の確定申告が必要です。不動産所得の金額の計算は次のとおりです。

【不動産所得の金額の計算】

> 不動産所得の金額＝総収入金額$^{(注1)}$－必要経費$^{(注2)}$

（注1）　総収入金額には家賃、地代、権利金、名義書換料、更新料、礼金、保証金などのうち返還を要しないものが含まれます。
（注2）　必要経費には不動産（土地・建物）の固定資産税、建物などの減価償却費、修繕費、管理料などが含まれます。
＊青色申告の場合は最高65万円または10万円まで青色申告特別控除額として控除できます。

【税額】

　事業所得、給与所得、年金などの雑所得が総合課税により課税されます。

Column

居住用不動産

　成年後見の際によく使われる「居住用不動産」という用語は、成年被後見人等が居住するための建物またはその敷地を指します。現に住居として使用している場合に限らず、現在は入院しているためにその居住用不動産には居住していなくても、将来的に居住する可能性がある場合や、過去に居住していた不動産をも含みます。

　また、その「処分」とは、売却、賃貸、賃貸借の解除、抵当権の設定、贈与、使用貸借、譲渡担保権、仮登記担保権、質権設定など広範囲に及びます。同じ施設のなかで部屋を変わることも処分にあたる場合があるようです。

　一方、税法における「居住用不動産」とは、相続税の小規模宅地の評価の減額に用いる特定居住用宅地、贈与税の配偶者控除における居住用不動産、住宅取得等資金の贈与における居住の用に供するための住宅、所得税の居住用財産を譲渡した場合の特別控除（3,000万円）、所有期間10年超の居住用財産に対する税率など様々な居住用財産に対する特例があり、その適用要件もまったく一律というわけではありません。

　成年後見の世界でも税法の世界でも、「居住用不動産」については慎重に確認しながら仕事を進めていきましょう。

36 成年被後見人等の死亡時の税務

Q 成年被後見人等が死亡したときの税務について教えてください。

・・・・・

A 成年被後見人等の死亡によって各種の届出や申告が必要になる場合がありますが、これらは相続人がすべき手続で、原則として成年後見人等が対応する必要はありません。

1 被相続人に関する届出書

死亡した成年被後見人等（被相続人）に不動産所得や事業所得があった場合は次の届出書を被相続人の納税地の所轄税務署長に提出します。

- 所得税関係：個人事業の廃業等届出書（死亡後1か月以内）
- 消費税関係：個人事業税者の死亡届出書（速やかに）

2 事業を承継する相続人に関する届出書

成年被後見人等が行っていた事業をその相続人が承継する場合は、次の届出書を、それぞれ定める提出期限までに相続人の納税地の所轄税務署長に提出します。

[1] 所得税に関する届出書

事業を承継する相続人が提出を求められる所得税についての書類には次のものがあります。

- 個人事業の開業届出書（開業後1か月以内）

- 青色申告承認申請書（死亡後4か月以内と青色申告承認があったものとみなされる日のいずれか早い日〈青色申告承認申請書提出期限〉）

●相続開始日別の青色申告承認申請書提出期限

相続開始日	青色申告承認申請書提出期限
1月1日〜8月31日	死亡後4か月以内
9月1日〜10月31日	12月31日（自動承認日）
11月1日〜12月31日	翌年2月15日（自動承認日）

- 青色事業専従者給与に関する届出書（専従者がいることとなった日から2か月以内）

[2] 消費税に関する届出書

事業を承継する相続人は、消費税について納税義務の判定を行います。

① 納税義務の判定

相続のあった年および翌年、翌々年については、相続人の基準期間（前々年）および特定期間（前年の1月1日〜6月30日までの期間）における課税売上高が1,000万円以下であっても次の場合には納税義務あり

＜相続のあった年＞
- 被相続人の基準期間の課税売上高が1,000万円を超える場合：相続のあった日の翌日からその年12月31日までの期間は納税義務あり

＜相続のあった年の翌年と翌々年＞
- 相続人の基準期間の課税売上高と被相続人の基準期間の課税売上高の合計額が1,000万円を超える場合：その年（相続のあった年の翌年と翌々年）は納税義務あり

② **納税義務がある場合の提出書類**

上記①により納税義務がある場合は、次の書類を提出します。
- 消費税課税事業者届出書（納税義務がある場合は速やかに）

＜簡易課税を選択する場合＞
- 消費税簡易課税制度選択届出書（相続のあった年から簡易課税制度を適用しようとする場合は相続のあった年の12月31日まで）

3 確定申告と相続税申告

相続に伴って必要となる税務申告は次の期限までに行う必要があります。

- 被相続人に係る確定申告（準確定申告）：所得税・消費税共に死亡後4か月以内
- 相続税申告：相続開始後10か月以内

4 その他の確認事項

成年被後見人等に係る相続税申告を税理士が依頼されたような場合、成年後見人等からの引継ぎがあるかどうかを相続人に確認する必要があります。引継ぎがない場合には、成年後見人等から相続に必要な書類を取り寄せるようにしてください。成年後見人等が家庭裁判所に提出した報告書も必ず閲覧するようにします。

37 保佐人から税務申告を依頼された場合

Q 保佐人から、テナントビルを相続した被保佐人の税務申告を依頼されました。何か注意すべきことはありますか。

- - - - - -

A 保佐人が与えられている代理権については、家庭裁判所が申立ての範囲内で被保佐人の状況に応じて個別に決定しています。質問の状況においては、保佐人が与えられている代理権の内容を確認する必要があります。そのうえで、もし税務申告がその代理権の範囲に含まれていなければ、家庭裁判所に申立てをして代理権の追加を求める必要があります。

1 代理権の内容の確認

　代理権の範囲はその類型によって異なります。成年後見人は成年被後見人の財産に関する法律行為について包括的な代理権が付与されます。そのため、成年後見人は法定代理人としての立場を常に有していますので、税理士は成年後見人から税務代理の委任を受けることができます。

　一方、保佐人の代理権については、民法13条1項に定める法律行為について、家庭裁判所が被保佐人の同意を得たうえで、**代理権付与の申立て** Web の範囲内で被保佐人の状況に応じて個別に決定します。被保佐人が税務申告の依頼を行えない場合は、その保佐人の代理権の範囲を確認し、場合によっては、家庭裁判所に代理権の追加を申し立てる必要があります。

2 保佐人からの依頼に基づく所得税および消費税の税務申告

　保佐人から依頼された税務申告については、不動産所得が発生し、消費税も課税事業者になる可能性があるので、納税義務および申告義務があるかどうかを確認する必要があります。その際に、被保佐人の過去の申告実績はもちろん、被相続人の過去の申告書も確認する必要があります。

　所得税および消費税の申告書の氏名欄の記載については、「○○保佐人△△」（○○は被保佐人の氏名、△△は保佐人の氏名）と記載します。税務代理権限証書は保佐人に署名捺印してもらいますが、この際の署名の書き方は申告書の氏名と同様です。

　振替納税についても、氏名欄は申告書および税務権限代理証書の氏名欄と同様に記載し、振替口座は被保佐人の口座名（口座名義人は通常、「○○保佐人△△」）を記載します。

　その他、納税地は被保佐人の住所地などになります。ただし、申告書などの送付先および連絡先については保佐人宛に変更の届出をしてもらう必要があります。

3 保佐人が相続人であるときの遺産分割

　遺産分割について代理権の範囲を確認し、代理権の範囲外で被保佐人が遺産分割を行うことが難しければ、代理権の追加を申し立てます。保佐人も相続人である場合には、遺産分割について被保佐人と利益が相反するため、**臨時保佐人選任申立書 Web** を家庭裁判所に提出して申し立てます。

　この臨時保佐人が、被保佐人の相続分として法定相続分は確保するように協議に参加します。預貯金を多く取得すべきか不動産を取得すべきかについては、不動産の場合、取得後に管理できる人材の有無やその負担内容も考慮に入れて相続すべきか否かを検討すべき

です。

　賃貸物件の場合には、その賃料が被保佐人自身の生活の糧となります。保佐人が賃貸物件の管理をすることになるのでしょうが、いずれにせよ遺産分割は十分に協議する必要があります。

Column

高齢者との取引

　取引を実行しようとするとき、その相手方が(超)高齢者の場合、特にそれが不動産売買の場合には、相手方の判断能力に問題がないかを確認していますか？　また、その高齢者に代わって親族が代理で取引をしている場合、その代理権に問題はないでしょうか？

　不動産取引の交渉の際などに、その高齢者に会って問題がないと思っても、実は認知症で成年後見人だったということもあります。その場合の取引は成年後見人に代理してもらうことができます。

　特に成年被後見人の所有する居住用不動産の取引の場合には、家庭裁判所の許可を得なければその取引は誰に対する関係でも無効となります。そのため、成年被後見人との取引とは知らないで取引を行ってしまった善意の第三者にまで影響が及ぶので注意が必要です。

　取引の相手が任意後見人であった場合には、その人に代理権があるかを確認したうえで取引をすることが求められます。

　不動産取引の際に登記を行う司法書士は、対象者の意思を確認しなければいけません。そのため、関係者だけで勝手に取引を成立させて「大丈夫」と判断したとしても、司法書士により対象者の意思確認ができない場合には取引が流れることがあるために注意が必要です。

Ⅱ 成年後見制度と法務

38 株主が成年被後見人となった場合

Q 顧問先の先代社長は会社株式の60％を所有しています。このたび先代社長の認知症が進んだことから成年後見開始の申立てをすることになりました。先代社長の株主としての立場はどうなりますか。

　また、先代社長は今でも会社の取締役（非常勤）ですが、退任させなければなりませんか。

・・・・・・

A 会社の株主としての地位は変わりませんが、その株主権の行使は原則として成年後見人が行うこととなります。また、成年被後見人・被保佐人は会社法上、取締役にはなれませんので退任させることになります。

1 株主名簿の変更

　成年後見人は株主名簿の変更のための手続を行います。具体的には、株式の発行会社に成年後見登記に関する証明書（登記事項証明書）を提示して、株主名簿の氏名を「○○成年後見人△△」（○○は成年被後見人の氏名、△△は成年後見人の氏名）に変更します。

2 取締役の退任

　成年被後見人・被保佐人は会社法上、取締役にはなれません。したがって、後見開始または保佐開始の審判が確定した日（告知の日から起算して2週間を経過した日）に取締役の資格を喪失し、退任することになります。会社は直ちに役員変更などを行う必要があります。

3 成年後見人による議決権の行使

　株主がその株主権の1つである議決権を行使するためには、自ら株主総会に出席して権利行使するのが原則です。しかし、総会に株主自らが直接出席できない場合、または出席しても決議の意思表示ができない場合は、代理人は代理権を証する書面、すなわち委任状を会社に提出し、その代理人を通じて議決権を行使することになります。

　株主が成年被後見人の場合は、その成年後見人が法定代理人として議決権を行使するならば、総会ごとに成年後見登記に関する証明書（登記事項証明書）の交付を受け、これを会社に提出する必要があります。株主権はその行使の目的別に下表の2つに分類されます。

●2つの株主権と具体例

権利の種類	具体例
自益権（株主が会社から経済的利益を得ることを目的とする権利）	剰余金配当請求権、残余財産分配請求権、株式買取請求権、取得請求権付株式の取得請求権、株券交付請求権、名簿書換請求権、単位未満株式買取・売渡請求権など
共益権（株主が会社の管理・運営に参加することを目的とする権利）	株主総会における議決権、株主総会招集権、株主提案権、株主総会招集調査のための検査役選任請求権、累積投票請求権、役員解任請求権、代表訴訟提起権、取締役・執行役の違法行為差止請求権、解散請求権

4 株主権の代理行使（自益権と共益権）

　成年後見人は成年被後見人の法定代理人の地位に基づいて、包括的に成年被後見人の財産管理権を有していると解されるので、成年被後見人の財産管理を目的としてその株主権の代理行使をすることは原則的には可能です。

　特に会社から経済的利益を得ることを目的とする自益権としての株主権の行使は成年被後見人の財産管理に直接影響する行為なので、当然、成年被後見人を代理して権利行使できるものと考えられます。

　しかし、会社の管理・運営に参加することを目的とする共益権たる株主権の行使について、そのすべてを成年後見人が権利行使する必要があるのかについては慎重に検討する必要があると思われます。

　特に株主総会での議決権行使については、株主から経営者への経営に関する意思表示としての性質を有し、その行為が直接株主の保有する株式の財産管理に結び付いているとは必ずしも言えないからです。

　会社の高度な経営判断に関する決議について、法定代理人だからといって成年後見人に対して判断責任を課してよいかは議論の余地があると解されます。

5 成年後見人による議決権行使の諸問題

　成年後見人の議決権行使について仮に可能だという前提に立ったとして以下のような事例を考えてみます。

　会社の後継者であり代表取締役の長男が父親の成年後見人であった場合、この長男が父親の株主たる地位に基づく議決権をその成年後見人たる地位に基づいて権利行使したときは、長男の会社の代表

取締役すなわち社長としての立場と、父親の代理人たる株主としての立場は利益相反関係にあるのではないかと考えられます。利益相反関係の者による代理行為は無権代理行為とされるため、無効となるとも考えられます。

なお、任意後見人については、その代理権の範囲内に議決権の行使が含まれていれば当然に議決権の代理行使ができると解されます。任意後見はあくまでも当事者間の契約によるものであり、当然、本人が任意後見人受任者の会社に関する経営判断能力を見込んで委任し、また、受任者もその代理権の内容を知ったうえで受任して契約するためです。

6 成年後見人による議決権行使の事例

今後、会社にとって重要な経営判断を迫られたとき、たとえばM&Aで後継者が会社を売りたいと決断したときなどには、株主総会の決議（特別決議）が必要になります。しかし、成年被後見人が株主、特に大株主である場合は、株主総会決議がなされるか危うい状況に陥る可能性も出てきます。

そのようなときは、成年後見人が高度な経営判断を伴う議決権の代理行使を敬遠する場合があるかもしれません。また、成年後見人が議決権の代理行使をした結果、決議されたとしても、後日、その決議の有効性を問われる事態にもなりかねません。特に親族間でトラブルを抱えている場合には注意が必要です。

39 遺言書を作成する際の注意点

Q 判断能力が低下してきた場合でも遺言をすることは可能ですか。また、遺言書の作成に関する注意点について教えてください。

A 遺言は、遺言者の死後に遺言者の最後の意思を実現させることができる法律行為です。判断能力が多少低下してきた場合に、意思能力があるとして遺言書を作成するときは慎重を期すべきです。

1 遺言の種類

普通方式の遺言には、自筆証書遺言、公正証書遺言、秘密証書遺言があります。遺言は単独で行う意思表示ですので、いつでもその遺言の全部または一部を撤回することができます。

2 遺言でできること

遺言が法的に効力を持つのは次の事項に限られます（下線部分は遺言でのみ行うことができる事項）。

- 相続に関する事項（推定相続人の廃除・廃除の取消し、祭祀主宰者の指定、相続分の指定とその委託、特別受益の持戻し免除など）
- 財産の処分に関する事項（遺贈、信託の設定、生命保険金の受取人の変更など）
- 身分に関する事項（認知、未成年後見人・後見監督人の指定）

- 遺言の執行に関する事項（遺言執行者の指定とその委託）

　遺言書には付言事項として、法律上の効果はなくても遺言書を書くに至った経緯や家族への感謝の気持ちなどを記載することができます。偏った相続分の指定や遺贈をしたときでも、その理由を記載することで、遺言者の最後の意思として尊重され、後に起こり得る相続人の間での争いを防止することができるかもしれません。

3 遺言執行者の指定および報酬

　遺言執行者を指定しておくことで遺言の内容を円滑に実現することができるようになります。

［1］遺言執行者の指定

　遺言執行者は、遺言者が遺言で指定または指定の委託をするか、利害関係人の請求により家庭裁判所が選任します。遺言執行者は、遺言の執行に必要な一切の行為をする権利義務を有します。

　預貯金や不動産の名義変更などは遺言執行者がいなくても可能ですが、相続人全員の協力（署名捺印および印鑑証明書など）が必要になる場合があります。なお、子の認知、推定相続人の廃除または廃除の取消しの手続には遺言執行者が必要です。

［2］遺言執行者の報酬

　遺言執行者の報酬は、遺言書に報酬に関する定めがあればその定めにより、遺言書に定めがなければ関係当事者間の合意または家庭裁判所の報酬付与の審判により定めることになります。

　遺言の執行に関する費用は相続財産の負担となります。

　なお、法令上、遺言執行を業とすることができるのは、弁護士（法人）、司法書士（法人）、信託銀行となっています。

●遺言の種類とその特性

遺言の種類	概要	メリット	デメリット
自筆証書遺言	●民法で「遺言者がその全文、日付及び氏名を自書し、これに印を押さなければならない」と定められています。 ●日付や氏名は特定できればよいとされ、「還暦の日に」としても、通称や雅号などを用いてもよいとされています。 ●内容の加除その他の変更については厳格に規定されています。	●作成に特別な費用はかかりません。 ●いつでも作成が可能です。 ●証人は必要ありません。 ●遺言の存在自体を秘密にできます。	●紛失や盗難、変造の恐れがあります。 ●家庭裁判所による検認の必要があります。 ●パソコンやワープロで作成した遺言は無効です。 ●「方式」不備により無効となる恐れがあります。 ●形式や筆跡などから遺言の有効性をめぐる争いが生じる恐れがあります。
公正証書遺言	●公証役場に証人2人以上と出向き（入院中などの場合は出張してもらうこともできます）、遺言者が遺言の趣旨を口授し、公証人がこれを筆記し読み聞かせなどしたものを承認した後、遺言者および証人が署名押印し、公証人が一定の事項を付記し署名押印して作成します。 ●遺言者に遺言能力がなかったとして公正証書遺言が無効とされた判例もあり、公正証書遺言があれば万全ということではありません。	●不備により無効になることがありません。 ●障がいなどで口がきけない人、耳が聞こえない人であっても遺言することができます。 ●遺言の原本は公証役場で保存されます。 ●家庭裁判所による検認は不要です。	●証人が2人必要です。 ●財産の価額に応じた手数料が必要となります。 ●遺言内容が知られてしまう可能性があります。

秘密証書遺言	● 遺言者が署名押印のうえ同じ印章で封印し、その封紙に公証人が一定の事項を記載した後、遺言者、2人以上の証人および公証人がこれに署名押印する遺言です。 ● 方式に不備があれば無効となります。ただし、自筆証書遺言としての方式を具備していれば自筆証書遺言として認められます。	● 署名が自署されていれば、他の部分はパソコンやワープロでも作成できます。 ● 遺言の存在を明らかにしたうえで内容のみを秘密にできます。	● 秘密証書遺言は封印していますので、家庭裁判所で開封し、検認を受ける必要があります。 ● 手数料が発生します。 ● 証人が2人必要です。 ● 遺言書自体は自分で管理するため、紛失の恐れがあります。
特別の方式による遺言	● 特別の方式による遺言には危急時遺言、船舶遭難者の遺言、伝染病隔離者の遺言、在船者の遺言があります。	● 普通の方式により遺言をすることができない状況下であっても遺言ができます。	● 一般的に利用できる方式ではありません。 ● 普通の方式により遺言をすることができるようになったときから6か月生存すると効力を失います。
エンディングノート	● 親族・友人の連絡先、葬儀や供養についての希望、延命措置（尊厳死）や脳死状態になったときの対応など、自分の考えを伝えるのには有効です。 ● 質問事項などが印刷されたページに遺言の内容を書くと、全文自筆の要件を満たさないため遺言としては無効になる可能性があります。	● 形式にとらわれることなく、自由な意思表示をすることが可能です。	● 正式な書類ではないため、法的な拘束力はありません。

4 遺留分への配慮

遺言をする際には遺留分に配慮しておくことで、後の争いを減らす効果が見込まれます。

[1] 遺留分の概要

遺留分とは、相続財産のうち兄弟姉妹以外の相続人に保障された一定部分のことで、被相続人が死亡した後の相続人の生活保障や潜在的持分の清算という意味があるとされています。遺留分の割合は相続人全員の合計で、直系尊属のみが相続人である場合は被相続人の財産の3分の1、それ以外の場合は2分の1となります。

具体的な遺留分は、相続開始のときに有した財産の価額に一定の贈与財産の価額を加算して、債務の全額を控除した後の価額に、その人の個別的遺留分の割合を乗じて算定します。

[2] 遺留分減殺請求権の行使と時効

遺留分の減殺請求は、裁判上の請求による必要はないとされているので、相手方に減殺請求の意思表示をすればその効力が生じます。減殺請求権を行使したこと、意思表示の日などを明確にするためには内容証明郵便や配達記録を利用するとよいでしょう。

遺留分減殺請求権は、遺留分権利者が相続の開始および減殺すべき贈与または遺贈があったことを知ったときから1年、相続開始のときから10年を経過したときは時効により消滅します。

[3] 遺留分減殺の対象と順位

遺留分減殺の対象は、遺贈および遺留分の計算に算入される贈与財産です。また、特別受益も減殺の対象になります。遺言で特別受益の持戻しの免除をしたとしても、遺留分を侵害する限度で失効す

るという最高裁の判例（最高裁判所第一小法廷平成24年１月26日判決）があります。

　複数の遺贈と贈与がある場合、民法はまず遺贈を減殺した後贈与を減殺すると定めています。「相続させる」遺言や相続分を指定した遺言は遺贈と同順位とされ、①遺贈、②死因贈与、③生前贈与の順に減殺されます。

　なお、遺留分権利者は家庭裁判所の許可を受けて相続開始前に遺留分を放棄することができます。

[4] 遺留分への配慮

　遺留分を侵害するような遺言であっても無効とはなりません。ただし、相続人の間での争いの元になることがあります。無用な争いを避けるためには、たとえば遺留分に相当する遺贈をする、遺言に遺贈の減殺方法を指定する、または特別受益の持戻しの免除をするなどの配慮が必要でしょう。

5 遺言作成時の遺言能力

　民法は「15歳に達した者は、遺言をすることができる」と定めており、物事に対する判断能力、遺言の内容を理解し、その結果を弁識することができる意思能力があれば遺言をすることができるとされています。

　一方で民法は、「遺言者は、遺言をする時においてその能力を有しなければならない」と定めています。

[1] 遺言能力の証明

　被補助人・被保佐人は、補助人・保佐人の同意なしに自らの意思で遺言を行うことができます。任意後見の場合、法律行為の制限は法定されていないので任意後見監督人が選任された後でも遺言をす

ることは可能です。

　ただし、遺言書作成時の遺言能力が否定されると遺言が無効となるため、医師の診断書を準備するなど、慎重な対応が求められます。自己決定を尊重することは重要です。しかし、被保佐人や被補助人は判断能力が十分ではなく、周囲の人からの影響を受けやすいことへの配慮も忘れてはなりません。

［2］成年被後見人の遺言と医師の立会い

　遺言は遺言書を作成するときに遺言能力があればよいので、成年被後見人であっても遺言をすることができます。民法は、成年被後見人が事理弁識能力を一時回復したときに遺言をする場合には、医師2人以上の立会いがなければならないこと、遺言に立ち会った医師が、遺言者が遺言をした時点で事理弁識能力を欠く状態になかった旨を遺言書に付記して署名捺印しなければならないことを定めています。

　しかしながら、成年後見人など周囲の人の利益のために成年被後見人が遺言をするようなことがあってはなりません。成年被後見人がした遺言をめぐり辞任を余儀なくされた専門職も存在するようです。

　遺言能力に疑問を持たれるような状況にある場合には、普段の生活の状況や会話の内容などを日記や備忘録に残す、遺言書を作成したときの状況を撮影する、専門医に検査してもらい判断能力を確認しておくなどの方法が考えられます。

Column
遺言執行報酬

　顧客のAから遺言書について相談されたので公証人を紹介しました。公証役場で公証人と相談した結果、無事に遺言の案も決まりました。
　その際、将来子供たちが困らないように遺言執行者を決めるように勧められ、弁護士を執行者とする遺言書ができあがりました。加えて、当時では相当の金額を執行報酬として記載しました。その後執行者になってもらった弁護士とは年賀状のやりとりもして、よい関係が築けていました。
　それから30年経った去年、Aが102歳で亡くなったために遺言の執行を行うことになりました。30年前は妥当な金額であったはずの執行報酬は、今となっては少額な金額になっており、弁護士には申し訳ない思いが残りました。
　遺言の執行報酬は、遺産に対する割合で決めたり、裁判所に妥当と思われる金額を決めてもらうこともできます。
　いずれにせよ、よく考えることが必要ですね。

40 遺贈と死因贈与の相違点

Q 遺贈と死因贈与との違いについて教えてください。

A 遺贈とは、遺言により財産の全部または一部を他に贈与することであり、一方的な意思表示・単独行為です。これに対して死因贈与とは、贈与者の死亡により効力を生ずる停止条件付贈与の一種で、双方の合意により成立する契約です。

1 遺 贈

遺贈とは、遺言により遺言者の財産を無償で第三者に与える行為で、遺産の全部または一定の割合を遺贈する「包括遺贈」と特定の財産を指定して遺贈する「特定遺贈」があります。法人や胎児に遺贈することもできますが、受遺者は遺言者が死亡したときに生存していなければ、その権利を失います。

[1] 包括遺贈の概要

包括受遺者は相続人と同様の権利・義務を有します。つまり被相続人の債務の全部または一部も承継することとなります。包括受遺者が具体的に財産を取得するためには遺産分割の手続が必要となります。また、遺贈の放棄についても相続放棄と同様に3か月以内に家庭裁判所に申述しなければなりません。

包括受遺者が相続人以外の人である場合には、代襲相続の規定は

適用されず、共同相続人などが放棄をした場合でも包括受遺者の相続分は変わりません。

[2] 特定遺贈の概要

相続人以外の「特定遺贈」の受遺者は、特に指定がなければ被相続人の債務を承継しません。また、特定遺贈の受遺者は遺贈者の死後、いつでも遺贈の承認または放棄をすることができます。

2 死因贈与

死因贈与は受遺者の承諾が必要な契約です。贈与者の死後における財産の処分を目的とする点が遺贈と類似するので、「その性質に反しない限り」民法の遺贈の効力に関する規定が準用されます。

ただし、遺言能力や承認・放棄についての規定は適用されませんし、遺言の厳格な「方式」も求められません。そのため自筆証書遺言が方式を欠いて無効とされた場合でも「死因贈与」として救済されることがあります。

贈与者が存命中に「始期付所有権移転仮登記」をすることもできます。双方の合意により受贈者に負担を付することもできます。また、相続人が相続の放棄をした場合でも死因贈与は「契約」ですので相続放棄とは関係なく「契約」に基づいて被相続人の財産を引き継ぐことができます。

しかし、被相続人の債権者から詐害行為などとして争われる可能性が極めて高く、慎重な判断が必要です。また、受贈者は相続開始後に死因贈与契約を破棄することはできません。

3 「相続させる」遺言

「相続させる」遺言は、原則として「遺産分割の方法」を定めたこととされ、相続開始と同時に所有権が移転しますので、遺言執行

者がいても、その協力なしに単独で移転登記が可能です。また、農地であっても農地法3条の許可は不要です。

ただし、一定割合を「相続させる」とした場合には「相続分の指定」となり、分割協議をすることになります。

「遺贈する」相手は相続人に限りませんが、「相続させる」相手は相続人に限られます。「遺贈する」とした場合には、受遺者と相続人全員または遺言執行者の共同申請により登記することになります。

4 遺贈と死因贈与の課税関係

遺贈であっても死因贈与であっても、贈与税は課されず相続税の対象となります。受遺者が相続人以外の人で相続税の申告・納付が必要な場合には、相続税の2割加算の対象となります。

対象物が不動産の場合の登録免許税の税率は、贈与・遺贈の場合は2％ですが、相続の場合は0.4％です。ただし、相続人に対する遺贈の場合は特定遺贈であっても相続と同じ0.4％の税率が適用されます。また、相続・遺贈による取得であれば不動産取得税は課税されません。

しかし、相続人以外の人に特定遺贈した場合には不動産所得税が課されます。死因贈与は相続ではなく贈与ですので、相続人であっても不動産取得税が課税されることになります。

第4章

認知症患者や障がいの
ある人へのサポート

第4章　認知症患者や障がいのある人へのサポート

Ⅰ 認知症患者などを支える取組み

41 介護サービスと介護保険の仕組み

Q 介護保険の利用を考えています。介護サービスについて仕組みや手続を教えてください。

A 介護保険を利用するときは、まず、介護保険にどのようなサービスがあるのかを知り、成年被後見人等の状態を考慮して自宅でサービスを利用するのか、施設に入所させるのかを検討します。相談先は市区町村の高齢福祉課などの介護保険窓口、地域包括支援センター(注)です。成年被後見人等の希望や経済状況を考慮し、専門家（ケアマネジャー）と相談しながら進めましょう。

> （注）　地域包括支援センター：地域における介護相談の最初の窓口（157ページの図参照）。高齢者が住み慣れた自宅や地域で生活できるように、必要な介護サービスや保健福祉サービス、その他日常生活支援などの相談に応じてくれます。住んでいる地域を担当するセンターが決まっているので市区町村窓口で確認してください。

1 介護申請から認定までの流れ

介護保険制度では、要支援状態や要介護状態になった場合に介護サービスを受けることができます。利用希望者は、市区町村の窓口

で要介護認定(要支援認定を含みます)の申請をします。申請後は市区町村職員などの訪問を受け、認定調査を実施してもらいます。また、かかりつけ医に心身の状況について主治医意見書を作成してもらいます。その後、認定調査結果や主治医意見書に基づき、市区町村が要介護度を決定します。要介護度は要支援1、2、要介護1～5、および自立(非該当)の8区分に分けられます。

　要介護度に応じて受けられるサービスが決まっていますので、要介護度が判定された後は、ケアマネジャーが「どんな介護サービスを受けるか」「どういった事業所を選ぶか」について介護サービス計画(ケアプラン)を作成し、それに基づいてサービスの利用が始まります。

　なお、要介護認定において「非該当」と認定されても、市区町村が行っている生活機能を維持するためのサービスや生活支援サービスを利用できる場合があります。

◉介護サービスの選択

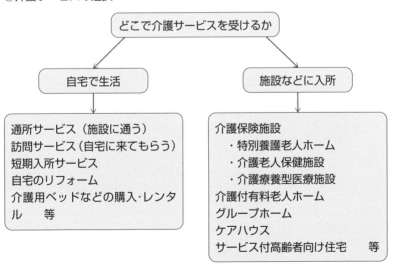

●手続の流れ

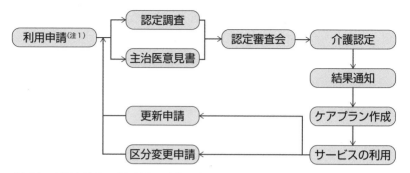

（注1）　利用申請は、成年被後見人等や家族のほか成年後見人等^(注2)、地域包括支援センター、事業所や介護保険施設が代行できます。
（注2）　平成25年9月1日から要介護・要支援認定に関する手続を成年後見人等が行う場合、3か月以内に交付された「成年後見人等であることを証明する書類（コピー可）」が必要です。
（注）　八王子市ホームページを基に作成。

2 介護サービスの種類

　介護保険で利用できるサービスは、「介護給付を行うサービス」と「予防給付を行うサービス」に区分されます。また、それぞれのサービスは、都道府県・政令市・中核市が指定・監督を行うサービスと、市区町村が指定・監督を行うサービスに分けられます。サービスの種類は158ページの図のとおりです。

41　介護サービスと介護保険の仕組み

●地域包括支援センターの概要

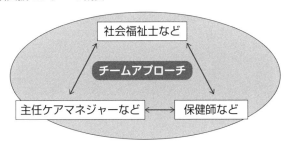

介護予防支援

要支援者に対するケアプラン作成
　※ケアマネ事業所への委託が可能

権利擁護業務

成年後見制度の活用促進、高齢者虐待への対応など

多面的（制度横断的）支援の展開

行政機関、保健所、医療機関、児童相談所など必要なサービスにつなぐ

介護サービス	ボランティア
ヘルスサービス	成年後見制度
地域権利擁護	民生委員
医療サービス	虐待防止
介護相談員	

包括的・継続的 ケアマネジメント支援業務

- 「地域ケア会議」などを通じた自立支援型ケアマネジメントの支援
- ケアマネジャーへの日常的個別指導・相談
- 支援困難事例などへの指導・助言

介護予防ケアマネジメント業務

二次予防事業対象者（旧特定高齢者）に対する介護予防ケアプランの作成など

総合相談支援業務

住民の各種相談を幅広く受け付けて、制度横断的な支援を実施

　□（太枠）：介護予防支援
　　　　　　（保険給付の対象）
　□：包括的支援事業
　　　（地域支援事業の一部）

（注）　厚生労働省ホームページ「地域包括支援センターの概要」を基に作成。

●介護サービスの種類

	都道府県・政令市・中核市が指定・監督を行うサービス	
介護給付を行うサービス	◎居宅介護サービス　　【訪問サービス】　○訪問介護（ホームヘルプサービス）　○訪問入浴介護　○訪問看護　○訪問リハビリテーション　○居宅療養管理指導　　○特定施設入居者生活介護　○福祉用具貸与	【通所サービス】　○通所介護（デイサービス）　○通所リハビリテーション　　【短期入所サービス】　○短所入所生活介護（ショートステイ）　○短期入所療養介護
	◎居宅介護支援	◎施設サービス　○介護老人福祉施設　○介護老人保健施設　○介護療養型医療施設
予防給付を行うサービス	◎介護予防サービス　　【訪問サービス】　○介護予防訪問介護（ホームヘルプサービス）　○介護予防訪問入浴介護　○介護予防訪問看護　○介護予防訪問リハビリテーション　○介護予防居宅療養管理指導　　○介護予防特定施設入居者生活介護　○介護予防福祉用具貸与	【通所サービス】　○介護予防通所介護（デイサービス）　○介護予防通所リハビリテーション　　【短期入所サービス】　○介護予防短期入所生活介護（ショートステイ）　○介護予防短期入所療養介護

上記の他、居宅介護（介護予防）福祉用具購入、居宅介護（介護予防）住宅改修、介護予防・
また、介護予防訪問介護及び介護予防通所介護については、平成29年4月までに介護予防・

(出所)　厚生労働省作成資料

市町村が指定・監督を行うサービス
◎地域密着型介護サービス 　○定期巡回・随時対応型訪問介護看護 　○夜間対応型訪問介護 　○地域密着型通所介護 　○認知症対応型通所介護 　○小規模多機能型居宅介護 　○看護小規模多機能型居宅介護 　○認知症対応型共同生活介護（グループホーム） 　○地域密着型特定施設入居者生活介護 　○地域密着型介護老人福祉施設入所者生活介護 　○複合型サービス（看護小規模多機能型居宅介護）
◎地域密着型介護予防サービス 　○介護予防認知症対応型通所介護 　○介護予防小規模多機能型居宅介護 　○介護予防認知症対応型共同生活介護（グループホーム）
◎介護予防支援

日常生活支援総合事業がある。
日常生活支援総合事業に移行される。

3 介護保険の仕組み

　介護保険は、高齢者の介護を社会全体で支え合う仕組みです。財源は保険料50％と公費50％からなり、平成28年度予算は9.6兆円を超えています。保険料を納める被保険者は、65歳以上の人（第1号被保険者）、40～64歳の医療保険加入者（第2号被保険者）となっています。

　介護保険サービスは、65歳以上の人は要支援・要介護状態となったときに、40～64歳の人は末期がんや関節リウマチなど、老化による病気により要支援・要介護状態になった場合に利用できます。

4 利用者の自己負担

　介護サービスを受けたときは、原則として費用の8割または9割が介護保険から給付され、残りの1割または2割を利用者が負担します。収入が年金のみの場合は年収が280万円以上、年金以外の収入がある人は合計所得金額が160万円以上の人は原則として2割が利用者負担となります。

　ただし、利用者負担額には上限もありますので、上限超過部分は申請により後から「高額介護サービス費」として支給されます。

　また、所得の低い人を対象とする居住費や食費の補足給付については、たとえ所得が低くても一定額以上の預貯金がある場合や、配偶者が市町村民税を課税されている場合には、世帯が分かれていても補足給付が認められなくなりました。また、2016年8月からは、補足給付受給者であるための判定に障害年金、遺族年金の額も加えられるようになりました。

　なお、居宅サービスについては、利用者の状況に応じた適正なサービスを提供する観点から、要介護度ごとに保険給付の対象となる費用の上限が設定されています。支給限度基準額を超える分の費用は、原則として全額利用者負担になります。

42　入所施設の選び方

Q 高齢の成年被後見人が自宅で過ごすことが難しくなった場合に入所できる施設にはどのようなものがありますか。

A 高齢者が入所できる施設には様々な種類があります。入所する人の状況により施設の選び方が違ってきますので、施設の特徴をもとに検討しましょう。

　施設によって入居の際に必要な費用や毎月の費用、サービスの内容は大きく違います（次ページの表参照）。また、施設を終の棲家として考えるのか、一時的な入居先とするかによっても選択が分かれます。
　その施設の介護・看護体制（胃瘻などのケアは可能か、看取りはできるかなど）や、入院した場合の対処方法・態勢などをあらかじめ確認し、相談しておくことが重要です。
　毎月の費用が支払えなくなっては困りますので、年金などの定期収入と貯蓄額をもとに、長期的な資金計画をしっかり立てることが大切です。

●主な施設の種類と入居条件、必要な費用のめやす、受けられる介護サービス

種類	入居条件など
特別養護老人ホーム（介護老人福祉施設）	● 常時介護が必要な人で、65歳以上の高齢者 ● 要介護3～5
介護老人保健施設（老健）	● 病状が安定していて入院治療の必要がなくリハビリテーションが必要な人 ● 要介護1～5
介護療養型医療施設	● 原則として65歳以上で、病状が安定しているが長期の医療が必要とされる人 ● 要介護1～5
有料老人ホーム[注1]	● おおむね65歳以上の人で、自立から要支援、要介護まで幅広く入居できる
グループホーム	● 認知症高齢者向けの施設 ● 要支援2または要介護1以上で認知症と診断された人
ケアハウス[注1]	● 家族との同居は困難であるが、高齢のため独立して生活ができない60歳以上の人 ● 自治体の助成が受けられる
サービス付き高齢者住宅[注1]	● 賃貸借方式と利用権方式があるが前者のほうが多い。その場合にも長期入院などの理由で解約されることはない

（注1）　特定施設入居者生活介護の指定を受けている施設では、施設内に常駐する
（注2）　費用は利用するサービスや所得額などにより変動する場合があります。

費用[*2]（目安）	サービス
● 部屋代、食費、生活費の合計でおよそ月額7万円から17万円程度（部屋タイプ、世帯収入、介護度で変わる）、入居金は不要 ● 介護保険自己負担額は1割または2割	介助、日常生活上の世話、機能訓練、健康管理などが受けられる施設（都市部でニーズが高く、入居待ちの期間が長い）
同　上	リハビリを中心とする医療ケアと介護を行う施設（在宅復帰を支援する施設のため長期入所は難しい）
同　上 ● 医療処置などが多くなった場合は、別途医療的な加算がつく場合がある	看護師や医師、介護福祉士、管理栄養士などの専門スタッフによって医療・看護・介護が提供される施設（厚生労働省は廃止の方向）
● 入居後に支払う介護サービス費・居住費・食費・日常生活費などの月額費用は12〜40万円程度 ● 入居金は0円から数千万円	高齢者が日常生活を送るうえで必要なサービスのついた住まい。介護付き、住宅型、健康型などの種類があり、健康状態によって選択する
● 入居後に支払う介護サービス費・居住費・食費・日常生活費などの月額費用は12〜20万円程度 ● 初期費用として入居一時金や保証金が必要な場合もある	少人数が同居し、介護を受けながら職員とともに日常生活を送る施設
● 毎月の利用料は、サービス提供費・管理費・生活費・個別費用などで月額費用は8〜15万円程度 ● サービス提供費は前年の収入で決まる ● 初期費用として入居一時金が必要な場合がある	● 食事提供と安否確認、入浴のサポートなどのサービスが受けられる施設 ● 要介護になった場合には外部と契約して介護サービスを利用
● 施設のサービスにより異なる ● 敷金として家賃の2〜3か月分 ● 食事提供の場合は賃料を含め月額費用は15〜20万円程度	● 安否確認と生活相談 ● 要介護になった場合は外部と契約して介護サービスを利用

スタッフから日常的に介護サービスを受けることができます。

Column

老人ホーム体験談

　一人暮らしができなくなった成年被後見人であるAは、有料老人ホームに空き室が出たので喜んで入所手続をしました。
　ところがいざ入所してみると、食事は献立に工夫が見られないうえ、冷めていることも多くて美味しくありません。大好きなお風呂も週に2回、時間が決められてあわただしく入浴します。ヘルパーは忙しく、ゆっくり話もできません。Aは終の棲家としてこの施設に入所しましたが、一生この生活では耐えられないと成年後見人であるBに相談しました。
　しかし、現在の預貯金の額と年金額を考えると、希望どおりの高級なホームへの入所はあきらめざるを得ません。
　そこでBはホームの許可をとり、Aの話し相手として家政婦に週3回、1回に2時間ほど来てもらうことにしました。Aは家政婦とゆっくり話ができるようになり、気持ちも穏やかになりました。費用はかかりますが、なんとか預貯金でやりくりできそうです。家政婦は訪問の度にホームでのAの様子や希望することなどを知らせてくれるので、Bも成年後見人として安心です。結果としてAの不満の一部は解消されました。
　このような事例をみると、老人ホームを選ぶときは慎重に行わなければならないことがわかります。老人ホームを選択する際には、自宅に代わって快適な生活が送れるかなど、見学や体験入居を通じて慎重に選ぶことがとても大切です。入所に際して一時金を支払う方式であれば、多額のお金を施設に支払うことになりますから、入所先をより慎重に選ばなくてはなりません。

II 障がい者を支える取組み

43 障害福祉サービスの相談窓口

Q 障がい者に障害福祉サービスを受けさせたいのですが、どこに相談すればよいでしょうか。

・・・・・

A 障がい者が自立した日常生活または社会生活を営むことができるよう、市区町村が中心になって相談支援事業を実施しています。地域の状況に応じて柔軟な事業形態をとれる仕組みになっていますので、最寄りの市区町村の窓口に問い合わせてください。

1 障害福祉サービス等利用計画の作成

障害福祉サービスなどを申請した障がい者について、サービス等利用計画の作成や支給決定後のサービス等利用計画の見直しを行った場合は、計画相談支援給付費または障害児相談支援給付費が支給されます。相談窓口は、市区町村、指定特定相談支援事業者、指定障害児相談支援事業者です。

[1] 障害者総合支援法の計画相談支援の対象となる人

計画相談支援の対象となる人は次のいずれかに該当する人です。

- 障害福祉サービスを申請した障がい者または障がい児であって、市区町村がサービス等利用計画案の提出を求めた人
- 地域相談支援を申請した障がい者であって、市区町村がサービス等利用計画案の提出を求めた人

[2] 児童福祉法の障害児相談支援の対象となる人

障害児通所支援を申請した障がい児であって市区町村が障害児支援利用計画案の提出を求めた人を対象としています。

2 地域移行支援の概要

地域移行支援では、障害者支援施設、精神科病院に入所または入院している障がい者を対象に、住居の確保その他の地域生活へ移行するための支援を行います。対象となる人は、障害者支援施設などに入所している障がい者や精神科病院に入院している精神障がい者（1年以上入院している人を原則として市区町村が必要と認める人）です。

相談窓口は指定一般相談支援事業者です。支援期間は6か月以内とされていますが、地域生活への移行が具体的に見込まれる場合には6か月以内で更新が可能です。

3 地域定着支援の概要

地域定着支援では、自宅において単身で生活している障がい者などを対象に常時の連絡体制を確保し、緊急時には必要な支援を行います。

相談窓口は指定一般相談支援事業者です。対象となる人は、自宅において単身で生活している障がい者および自宅で同居している家族などが障がいや疾病などにより緊急時などに支援できない障がい者のうち、地域生活を継続していくために常時の連絡体制の確保による緊急時などにおける支援体制が必要と見込まれる人です。

支援期間は1年以内で、地域生活を継続していくための緊急時の

支援体制が必要と見込まれる場合には1年以内で更新が可能です。

4 障害者相談支援事業

障害者相談支援事業では、福祉サービスを利用するための情報提供や相談、社会資源を活用するための支援、社会生活力を高めるための支援、ピアカウンセリング、専門機関の紹介などを行います。

相談窓口は、市区町村または市区町村から委託された指定特定相談支援事業者、指定一般相談支援事業者です。対象となる人は、障がい者やその保護者などです。

5 住宅入居等支援事業、居住サポート事業

住宅入居等支援事業および居住サポート事業では、物件あっせん依頼、入居契約手続支援など、居住支援のための関係機関によるサポート体制の調整を行います。

相談窓口は、市区町村または市区町村から委託された指定特定相談支援事業者、指定一般相談支援事業者です。対象となる人は、障がいがあり、賃貸契約による一般住宅への入居を希望しているが保証人がいないなどの理由により入居が困難な人です。ただし、現に入所施設に入所している人は除きます。

6 成年後見制度利用支援事業

成年後見制度の申立てに要する登記手数料、鑑定費用および後見人等の報酬などの全部または一部を助成します。

相談窓口は市区町村（基幹相談支援センター）です。対象となる人は、障害福祉サービスを利用し、または利用しようとする知的障がい者または精神障がい者であり、成年後見人等の報酬など必要となる経費の一部について補助を受けなければ成年後見制度の利用が困難であると認められる人です。

第4章 認知症患者や障がいのある人へのサポート

44 障害福祉サービスの利用手続

Q 障がい者に障害福祉サービスを利用させるためにはどのような手続が必要ですか。

・・・・・

A 障害者総合支援法に基づいて障害福祉サービスを利用するためには、市区町村の障がい福祉担当に利用の申請をする必要があります。

障害福祉サービスの利用を希望する場合の手続は次のとおりです。

●障害福祉サービスの利用の流れ

1 サービス利用の相談

住んでいる市区町村の障がい福祉担当課または相談支援事業所が窓口となります。

2 利用申請

サービス利用を希望する人は、障がい福祉担当の窓口で利用申請を行います。申請は利用希望者の他に家族による代理申請もできます。

3 サービス等利用計画案の作成依頼

サービスの利用申請を行った担当者もしくは相談支援事業所に依頼してサービス等利用計画案を作成してもらいます。

4 心身の状況について調査

市区町村の職員または市区町村から委託を受けた人が、家庭または施設などを訪問し、サービス利用希望者の心身の状況について調査します。

| 5　障害支援区分の一次判定 |

　　調査結果をもとに市区町村が障害支援区分の一次判定を行います。

| 6　二次判定 |

　　市区町村審査会において、一次判定結果および医師意見書などをもとに審査判定されます。審査会は保健医療福祉をよく知る委員で構成されます。

| 7　障害支援区分の認定 |

　　市区町村が障害支援区分を認定します。障害支援区分は、障がいの特性やその他心身の状態に応じて必要とされる標準的な支援の度合いを示すもので、区分1から区分6まであります。

| 8　勘案事項調査 |

　　市区町村が利用者の勘案事項（地域生活、就労、日中活動、介護者、居住など）について調査します。

| 9　サービス利用意向の聴取 |

　　市区町村が利用者のサービスの利用意向を聴取します。

| 10　サービス等利用計画案の提出 |

　　サービス等利用計画案を提出します。

| 11　支給決定 |

　　市区町村が介護給付を支給決定します。利用者には受給者証が交付されます（処分に不服がある場合は都道府県に審査請求することができます）

| 12　サービス提供事業者と契約 |

　　申請者はサービス提供事業者を選択し、利用に関する契約を行います。

| 13　サービスの利用 |

45 入居施設などの種類と特徴

Q 障がい者が入所した場合に、夜間でもサービスを受けることのできる施設はありますか。

A 共同生活援助（グループホーム）、短期入所（ショートステイ）、障害者支援施設での夜間ケア（施設入所支援）などが夜間サービスを行っています。

1 共同生活援助の概要

共同生活援助（グループホーム）の概要は以下のとおりです。

［1］対象となる人

共同生活援助の対象となるのは障がいのある人です（身体障がいのある人については、65歳未満の人または65歳に達する日の前日までに障害福祉サービスもしくはこれに準ずるものを利用したことがある人に限ります）。

［2］サービスの内容

共同生活を営む住居において、主に夜間に相談、入浴、排せつまたは食事の介護、その他の日常生活上の援助を行います。このサービスでは、孤立の防止、生活への不安の軽減、共同生活による身体・精神状態の安定などが期待されます。

［3］利用料

　18歳以上の場合は利用者とその配偶者の所得、18歳未満の場合は児童を監護する保護者の属する世帯（住民基本台帳上の世帯）の所得に応じた自己負担の上限月額があります。ただし、月額上限よりもサービスに係る費用の1割の金額のほうが低い場合には、その金額を支払います。その他に食材費、光熱水費、居住費などの実費負担があります。

2 短期入所の概要

　短期入所（ショートステイ）には福祉型と医療型があり、その概要は以下のとおりです。

［1］福祉型（障害者支援施設などで実施）の対象となる人

　福祉型の対象となる人は次のとおりです。
- 障害支援区分が区分1以上の人
- 障がい児に必要とされる支援の度合に応じて厚生労働大臣が定める区分における区分1以上に該当する児童

［2］医療型（病院、診療所、介護老人保健施設で実施）の対象となる人

　医療型の対象となる人は、遷延性意識障がい児・者、筋萎縮性側索硬化症（ALS）などの運動ニューロン疾患の分類に属する疾患を有する人および重症心身障がい児・者などです。

［3］サービスの内容

　障害者支援施設や児童福祉施設などで、入浴、排せつ、食事、着替えなどの介助、見守りなど必要な支援などのサービスを行います。

このサービスは自宅で介護を行っている人が病気などの理由により介護を行うことができないときのためのものです。また、介護の休息のためにも利用できます。

[4] 利用料

18歳以上の場合は利用者とその配偶者の所得、18歳未満の場合は児童を監護する保護者の属する世帯（住民基本台帳上の世帯）の所得に応じた自己負担の上限月額があります。ただし、上限月額よりもサービスに係る費用の1割の金額のほうが低い場合には、その金額を支払います。その他に食費、光熱費などについての実費負担があります。

3 障害者支援施設での夜間ケア（施設入所支援）の概要

夜間ケア（施設入所支援）の概要は以下のとおりです。

[1] 対象となる人

施設入所支援の対象となる人は次のとおりです。

- 生活介護を受けている人で障害程度区分が区分4以上（50歳以上の人は区分3以上）の人
- 自立訓練または就労移行支援（以下「訓練等」）を受けている人のうち、入所させながら訓練等を実施することが必要かつ効果的であると認められる人、または地域における障害福祉サービスの提供体制の状況その他やむを得ない事情により、通所によって訓練等を受けることが困難な人
- 就労継続支援B型と施設入所支援との利用の組み合わせを希望する人または生活介護と施設入所支援との利用の組み合わせを希望する人のうち、障害程度区分が区分4（50歳以上の人は区分3）より低い人で、指定特定相談支援事業者によるサービス

等利用計画を作成する手続を経たうえで利用の組み合わせが必要な場合に市区町村の判断で認められた人

［2］サービスの内容

　主として夜間において、入浴、排せつおよび食事などの介護、生活などに関する相談および助言、その他の必要な日常生活上の支援を行います。

Column

成年後見制度の対象者とその特性

　成年後見制度は、「精神上の障害」によって判断能力が不十分になった人を対象としています。そのため、認知症の高齢者だけでなく知的障がい者、精神障がい者、発達障がい者なども対象に含まれることになります。

　認知症の症状としては、見当識障がい、記憶障がい、遂行機能障がいなどが起こります。そのため認知症の人に接するときは、自尊心を傷つけない、視野に入ってから話しかける、ペースに合わせる、身体全体や具体的な物を使うようにするとよいでしょう。

　知的障がい者は、見たことや聞いたことを正確に認知できず、認識が不正確になりがちです。また、臨機応変に柔軟に対応することが苦手です。他者による不当な対応に直面したとき、正当に自分を守ることが困難で権利侵害されることが多くなりがちですから、権利擁護の意識を持って対応することが求められます。

　発達障がい者の場合もコミュニケーションや障がいの特性ゆえに周囲から誤解され、権利侵害を受けやすいことに留意して気を配る必要があります。

　精神障がい者は疾患の種類や病状によって様々な特性がありますが、一般的には不安や焦り、孤立感、安心感のなさから過剰に神経を使いすぎてしまう特徴があります。それゆえ、精神状態が安定していれば自身の状況を理解・判断して自分の意思を表明することができますが、精神状態がよくないとそれが困難になるなど、不安定性が特徴といえます。精神障がい者を支援する場合には、目に見えない障がいに配慮し、本人の発言や気持ちに十分に耳を傾け、気持ちの揺れに配慮しながらも決めたことを確実に実行できるように支援していくことが大切です。

　精神保健福祉法の改正で保護者制度が廃止され、医療保護入院の

場合には、本人の同意がなくても家族などのうち誰かの同意があれば入院ができるようになりました。ここでいう家族などには、配偶者、親権者、扶養義務者、成年後見人または保佐人が含まれます。

　成年後見人等は事務を遂行するうえで成年被後見人等の権利が侵害されていないか慎重に検討しなければなりません。

第5章

税理士が成年後見人等になるために

Ⅰ 税理士会の取組み

46 成年後見制度に関する研修

Q 税理士会は、成年後見制度に関してどのような研修を行っていますか。

A 税理士会では成年後見制度の理念に則り、目的別に次の4つの研修を行っています。

① 成年後見制度普及研修
② 成年後見人等養成研修
③ 成年後見人等養成研修履修者研修
④ 成年後見指導者養成研修

1 研修の内容

成年後見制度に関する税理士会の研修内容は、成年後見制度の理念に沿ったもので、次の事項について行っています。

- 社会における成年後見制度の役割
- 成年後見制度概論
- 憲法・民法
- 成年被後見人等に対する理解（認知症、精神障がい、知的障がいなど）

- 身上監護と成年後見に関わる社会制度
- 成年後見に関する財産管理の実務・手続
- 家庭裁判所の役割
- 成年後見制度に関する倫理
- 成年後見制度に関する実務事例　　等

2 研修の種類

　税理士会が行う成年後見制度に関する研修は、以下のように、その目的に応じて、成年後見制度普及研修、成年後見人等養成研修、成年後見人等養成研修履修者研修、成年後見指導者養成研修の4つに分けられます。

[1] 成年後見制度普及研修

　成年後見制度普及研修は、成年後見制度に関する理解を広め、成年後見人等養成研修への参加を募ることを目的として行われます。

[2] 成年後見人等養成研修

　成年後見人等養成研修は、後見事務を支障なく遂行できる税理士を養成することを目的として行われます。この研修では、日税連の定めるカリキュラムに基づいた18時間の研修が組まれています。研修を受講した後には課題のレポートを提出し、その履修度合が一定以上に達したと判断される者を「履修者」とし、履修証書が発行されるとともに「履修者名簿」に登載されます。

[3] 成年後見人等養成研修履修者研修

　成年後見人等養成研修履修者研修は、履修者を対象とし、履修者名簿の更新に必要な10時間の研修を行います。

[4] 成年後見指導者養成研修

　成年後見指導者養成研修は、成年後見人等養成研修履修者および成年後見事務経験者を対象としています。特に税理士会の成年後見支援センターやその他支援機関において税理士会会員および市民からの成年後見制度に関する相談への対応に従事する者、または税理士会で実施する成年後見人等養成研修の講師および研修補助を担う者の養成を目的として日税連が実施しています。

3 履修者名簿の更新

　履修者名簿の登載期間は、名簿登載後２年を経過して最初に到来する３月31日までとなっています。この期間に更新ができ、更新後の名簿登載期間は４月１日より２年です。

　名簿登載期間更新に必要とされる研修単位は10単位であり、研修時間１時間当たり１単位とされています。また、成年後見人等の実務経験なども含めた研修単位の認定は税理士会が行います。

47 成年後見人等に推薦・選任されるまでの手続

Q 税理士が成年後見人等として選任されるためには、どのような手続が必要ですか。

A 家庭裁判所の推薦名簿に登載される必要があり、そのためには①税理士会の養成研修を受け「履修者名簿」に登載される、②成年後見賠償責任保険に加入する、③税理士会が家庭裁判所に提出する「成年後見人等推薦者名簿」に登載されるという段階を経ることになります。

また、各税理士会では成年後見人等になった税理士などのために成年後見支援センターを設けてサポートしています。

1 成年後見賠償責任保険に加入

税理士が成年後見人等として活動するためには、賠償を求められたときに備えて成年後見賠償責任保険に加入する必要があります。

[1] 加入対象者

成年後見賠償責任保険は、「成年後見人等推薦者名簿登載者」および「税理士会が実施する成年後見人等養成研修履修者」を加入の対象としています。

[2]「成年後見人等推薦者名簿登載者」の全員加入

家庭裁判所および制度利用者の信頼確保・安全確保を目的として

いる保険であることから、「成年後見人等推薦者名簿登載者」はこの保険への加入が必要です。

[3] 補償内容

成年後見賠償責任保険で補償される範囲は次のとおりです。
- 過失による経済損害
- 成年被後見人等に対する身体賠償および財物賠償
- 成年被後見人等に対する人格権損害

2 成年後見人等推薦者名簿への登載

前述の履修者名簿登載者のうち、成年後見人等への就任を希望する税理士を「成年後見人等推薦者名簿」に登載し、税理士会に家庭裁判所などから成年後見人等の推薦依頼があった場合には、この名簿のなかから推薦します。ただし、家庭裁判所によってはこの名簿に登載されていない税理士は、成年後見人候補者となっても専門職として扱われないことがあります。

3 税理士などに対する成年後見支援センターのサポート

推薦された税理士が成年後見に円滑に携わることができるように、また、一般市民や会員からの成年後見に関する相談に応じるために、各税理士会では成年後見支援センターを設置しています。

●成年後見支援センターが行う支援内容

支援の対象となる人	支援内容
① 税理士 ② 成年後見制度利用者 ③ 成年後見制度利用希望者	① 法定後見人等の支援 ② 任意後見人等の支援 ③ 相談業務 ④ 研修会の実施 ⑤ 各種団体との連絡協議会の実施 ⑥ 成年後見制度の普及・定着に関する施策の実施など

47 成年後見人等に推薦・選任されるまでの手続

●各税理士会の成年後見支援センター連絡先

名称	郵便番号	住所	電話番号
東京税理士会 成年後見支援センター	151-8568	東京都渋谷区千駄ヶ谷5-11-1 東京税理士会館・別館内	03-3356-4421
東京地方税理士会 成年後見支援センター	220-0022	横浜市西区花咲町4-106 税理士会館3階	045-315-2070
千葉県税理士会 成年後見支援センター	260-0024	千葉市中央区中央港1-16-12	043-242-6323
関東信越税理士会 成年後見支援センター	330-0842	さいたま市大宮区桜木町4-333-13 OLSビル14階	048-671-3500
近畿税理士会 成年後見支援センター	540-0012	大阪市中央区谷町1-5-4 近畿税理士会館2階	06-6941-2922
北海道税理士会 成年後見支援センター	064-8639	札幌市中央区北3条西20丁目2-28 北海道税理士会館3階	011-621-7738
東北税理士会 成年後見支援センター	984-0051	仙台市若林区新寺1丁目7-41 東北税理士会館	050-3533-6777
名古屋税理士会 成年後見支援センター	464-0841	名古屋市千種区覚王山通8-14 名古屋税理士会ビル	052-752-5130
東海税理士会 成年後見支援センター	450-0003	名古屋市中村区名駅南2-14-19 住友生命名古屋ビル22階	052-581-7474
北陸税理士会 成年後見支援センター	920-0022	金沢市北安江3-4-6	076-223-1841
中国税理士会 成年後見支援センター	730-0036	広島市中区袋町4-15	082-249-6229 086-233-1553
四国税理士会 成年後見支援センター	760-0017	高松市番町2-7-12	087-823-3733
九州北部税理士会 成年後見支援センター	812-0016	福岡市博多区博多駅南1-13-21 九州北部税理士会館２階	092-433-2366
南九州税理士会 成年後見支援センター	862-0971	熊本市中央区大江5-17-5	096-372-1151
沖縄税理士会 成年後見支援センター	901-0152	那覇市字小禄1831-1 沖縄産業支援センタービル7階 沖縄税理士会内	098-859-6225

Ⅱ 税理士が成年後見人等になる場合の手続

48 家庭裁判所への提出書類の準備

Q 家庭裁判所に提出する成年後見人等の選任の申立書類には、どのような書類が必要ですか。また、手続の流れについて教えてください。

A 選任申立ての手続に際して、申立人は必要書類を用意すると同時に審判申立書類を作成し、管轄の家庭裁判所に提出します。

　成年後見人等の選任を申し立てる際に必要となる一般的な申立てに必要な書類は次ページの表のとおりです。

　家庭裁判所では、受理した書類の審査、申立人や成年後見人等候補者などの面接、調査官による成年被後見人等となる人の調査、親族への照会、医師による鑑定などの審理が行われ、法定後見の開始、および成年後見人等の人選を裁判官が判断します。これを審判といい、この審判には申立てからおおむね1～2か月ほどかかるようです。

　裁判所の抗告期間[注1]（2週間）を過ぎると審判が確定し、成年後見人等の仕事が始まります。

●成年後見人等の選任の申立てに必要な書類

書類の名称	記入作成者
① 申立書 Web	申立人
② 申立事情説明書 Web	申立人
③ 親族関係図	申立人
④ 成年被後見人等となる人の財産目録 Web およびその資料	申立人
⑤ 後見人等候補者事情説明書 Web	成年後見人等候補者
⑥ 親族の同意書	親族（推定相続人）
⑦ 診断書および診断書付表	精神科などの専門医またはかかりつけ医
⑧ 戸籍謄本（成年被後見人等となる人および成年後見人等候補者のもの）	―
⑨ 住民票（世帯全員省略のないもの、成年被後見人等となる人および成年後見人等候補者のもの）	―
⑩ 登記されていないことの証明書	―

　家庭裁判所は東京法務局に後見事項の登記を嘱託します。成年後見人等は、家庭裁判所から登記番号の通知を受けることで、法務局で後見登記事項証明書[注2]を取得することができるようになります。

（注1）　抗告期間とは成年後見人等や親族が異議申立てをする期間を指します。
（注2）　登記事項証明書は成年後見人等の資格を証明する場合に必要です。登記内容は、法定後見の種別、開始の審判をした家庭裁判所、その審判の確定年月日、登記年月日、登記番号、成年被後見人等の氏名、生年月日、住所および本籍、成年後見人等の氏名および住所などです。また、成年被後見人等のプライバシーの保護のため、成年被後見人等、配偶者、四親等内の親族および成年後見人等以外は登記事項証明書の申請をすることはできません。

成年後見人等の選任申立てができるのは、成年被後見人等となる人、配偶者、四親等内の親族あるいは検察官や市区町村長です。申立書類の作成は申立人が行うことになりますが、弁護士および司法書士に依頼することもできます。

　申立ての際に書類に記載した成年後見人等候補者が必ず成年後見人等に選任されるわけではありません。家庭裁判所では申立ての理由および本人保護の観点を踏まえ、専門職後見人や成年後見監督人等を選任する場合もあります。

　申立てを取り下げるためには家庭裁判所の許可が必要です。自分が成年後見人等に選任されなかった、あるいは成年後見監督人等が付いたなどの理由での取下げは、本人保護の観点から不許可になる場合が多いようです。

　申立てをする家庭裁判所は、原則として成年被後見人等の住所地を管轄する家庭裁判所です。

　申立てに必要な書類の書式は家庭裁判所ごとに若干異なっているようですので、申立て先の家庭裁判所に確認し、申立書類一式を入手します。また、郵送による依頼も可能です。さらに各地の家庭裁判所のホームページからも取得できます。

　成年後見についてわからないことなどは各税理士会の成年後見支援センターを活用して専門職としてはずかしくない成年後見業務を行いましょう。

49 初回報告書類の作成・提出

Q 家庭裁判所の要請により成年後見人に就任しましたが、家庭裁判所にどのような報告が必要ですか。

A 成年後見人に就任した場合、指示された期限までに次の2点を作成し、家庭裁判所に提出しなければなりません。
① 成年被後見人の財産を調査して財産目録
② 年間の収支計画を立て年間収支予定表

　成年後見人等に就任したらすぐに家庭裁判所に**初回報告財産目録** **Web** 、**年間収支予定表** **Web** および資料などを提出します。これを「初回報告」といいます。提出期限は家庭裁判所により若干の相違がありますが、一般的には審判が確定してから2か月程度です。

　家庭裁判所から登記番号の連絡を受けた際に、提出期日やひな型などの説明書類といった初回報告に必要な情報も入手できます。

　財産目録の初回報告は、すべての財産について報告直前の月の末日の財産種類内容および金額を記載します。

　財産目録は成年後見人等が作成します。成年被後見人等の財産が多額であったり複雑な場合には、調査に時間がかかるとして提出期間の延長申請ができますので確認してください。

　次に年間収支予定表には、成年被後見人等の現在の状況や通帳履歴などから推定した収入および支出について記載します。

　その後、金融機関や市区町村、年金事務所などの公的機関、さらに施設や医療機関などへ成年後見人等就任の届出を行います。

50 後見等事務報告書などの提出

Q 家庭裁判所に提出する後見等事務報告書について教えてください。

A 成年後見人等は初回報告を終えた後も、おおむね1年に1回、家庭裁判所に後見等事務報告書と財産目録を提出しなければなりません。

1 後見等事務報告書の記載内容

後見等事務報告書 Web とは、成年後見人等が成年被後見人等の生活状況と財産の管理状況を記載したものです。これは成年後見人等が成年被後見人等のために適切に後見事務を行っているかを家庭裁判所が確認するための報告です。書式は家庭裁判所から毎年郵送される場合や、就任時に指示される場合などがあります。また、家庭裁判所のホームページからダウンロードすることもできます。

報告内容は成年被後見人等の生活状況、財産状況および**収支状況** Web などで、報告時には内容の裏付けとなる資料を添付する必要があります。

後見等事務報告書は家庭裁判所の窓口および郵送での提出が可能です。後日、家庭裁判所から内容確認の連絡がある場合もあります。また、定められた期限内に後見等事務報告書が提出されない場合には、専門職後見人や成年後見監督人等が追加で選任される場合もあります。

2 業務日誌の作成

1年分をまとめて報告するのは大変な作業になるので、日頃から成年被後見人等の生活状況は業務日誌をつけ、収支状況は領収書や契約書などを整理しておくことで報告時の負担を減らすことができます。複雑な業務内容あるいはやむを得ない事情により期限内に提出できない場合には最寄りの家庭裁判所に相談してください。

業務日誌はそのまま報告書類となるわけではありませんが、後見等事務報告書の作成のみならず報酬付与の申立てにも役立ちます。

3 財産目録の作成

毎年の**財産目録 Web** の作成において、預貯金は基本的に該当する期間の履歴を通帳からコピーして添付しますが、定期預金の場合は移動がなければ残高証明書のコピーを添付します。その他の財産や債務については、たとえば不動産の購入や売却、有価証券の購入や処分など少しでも変更があるときは、該当する資産や負債の財産目録を作成して資料を添付します。その場合、変更のあった資産や負債だけでなく、それまでに報告したものもすべて記載します。

なお、成年後見人等が成年被後見人等の居住用不動産を売却、賃貸借、解体する場合は、家庭裁判所に処分許可の申立てが必要となります。

Column

マイナンバーと成年後見の関わり

　税や社会保障などの分野で効率化を図るために、平成28年1月からマイナンバー制度が導入されました。

　成年後見制度においても、マイナンバー制度が開始されたことによる影響があります。成年被後見人等の税金の申告を行う際にマイナンバーの記入や提示が要求されるのはもちろんのこと、社会保障や福祉サービスの提供を申請する際など様々なところで成年被後見人等の本人確認のためにマイナンバーの提示が要求されます。

　成年被後見人等のマイナンバーを扱う際には、通知カードに記載された番号を記載するにとどまるケースが多いのですが、その取扱いについては十分注意する必要があります。

　また、成年後見人等が職務上で成年被後見人等のマイナンバーを提示する場合は、法定代理人としての証明をするために登記事項証明書が不可欠です。

　もちろん、成年後見人等自身の本人確認のためのマイナンバーの確認書類の用意もお忘れなく。

第6章

成年後見を
サポートする新制度

第6章 成年後見をサポートする新制度

I 成年後見と信託

51 後見制度支援信託の仕組み

Q 後見制度支援信託とは、一般的な金融資産の信託と何が違うのですか。

A 後見制度支援信託を取り扱うのは信託銀行などであることから、金融資産の信託と変わりません。これは信託制度を利用して被後見人の財産を守るために作られた新しい仕組みであり、成年後見と未成年後見において利用できます。

1 信託の利用による財産の管理・利用

　後見制度支援信託とは、成年後見と未成年後見において、被後見人の財産のうち通常使用しない金銭を信託銀行などに信託するもので、後見人の横領が多発したことをきっかけに、最高裁判所、法務省民事局、信託銀行協会、専門職団体が協議して作った制度です。被後見人の財産の適切な管理・利用のための方法の1つとされており、家庭裁判所の指示によって後見人が信託銀行などと信託契約を締結します。
　この制度は法定後見のうち、補助および保佐の類型と任意後見では利用できません。

2 後見制度支援信託利用の流れ

　この信託は、家庭裁判所が後見制度支援信託を利用すべきと判断したときに後見人に指示書を交付し、その指示に従って信託銀行などと信託契約を結ぶものです。

　家庭裁判所が後見制度支援信託の利用を検討すべきと判断すると、まず専門職後見人を選任します。同時に親族後見人を選任する場合もあります。この際に選任される専門職は弁護士または司法書士とされています。

　選任された専門職後見人は、家庭裁判所の指示書に基づき、信託を利用すべきか否かについて検討した結果を家庭裁判所に報告します。報告を受けた家庭裁判所は最終的な判断を下し、後見人に指示書を交付します。

　後見人は、この指示書を信託銀行などに提出して下図のような信託契約を結びます。

●後見制度支援信託契約

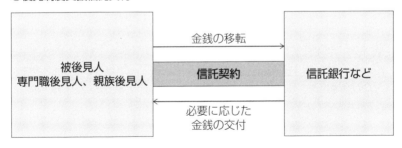

　信託契約締結後、専門職後見人は辞任し、替わって親族後見人が選任されます。親族後見人は日常生活に必要かつ十分な金銭を管理する預貯金口座を設けます。

　その後は家庭裁判所が発行する指示書に従って必要に応じた金額

が信託財産から定期的に後見人の管理する口座に送金され、後見人がこれを管理します。

臨時に被後見人に金銭が必要となった場合は、後見人が家庭裁判所に**報告書** Web を提出します。この報告書をもとに家庭裁判所が発行する指示書により、後見人が信託銀行などから払戻しを受けることになります。

3 後見制度支援信託の対象となる財産

家庭裁判所は、被後見人に多額の預貯金がある場合に後見制度支援信託の利用を検討します。信託は元本補てん付き指定金銭信託を利用します。信託の対象となるのは、被後見人が日常使用する預貯金口座以外のすべての預貯金です。信託銀行ごとに預入れを可能とする最低額が決められていますが、東京家庭裁判所では500万円以上とされているなど、信託銀行だけでなく管轄の家庭裁判所によっても、その金額は異なります。

信託することができる財産は金銭に限られるため、不動産などは対象にはなりません。また、株式などは個別に家庭裁判所が判断します。

4 後見制度支援信託の手数料

後見制度支援信託では、まず専門職後見人が就任し、後見報酬は被後見人の財産から支払われます。

支払う信託手数料は銀行によって異なります。平成29年1月現在、この信託を取り扱っているのは5行のみで、その概要は、各行のホームページによれば次ページの表のとおりです。

5 後見制度支援信託のメリットとデメリット

後見制度支援信託は、後見人の財産横領が多発したことから考え

●後見制度支援信託を取り扱う銀行　　　　　　　　　　　（金額は税抜）

銀行名	運用報酬	初期費用	登録報酬
三井住友信託銀行	運用益から	無料	無料
三菱UFJ信託銀行	運用益から	無料	無料
みずほ信託銀行	運用益から	1,000万円以上無料 1,000万円未満 30,000円	無料
りそな銀行	運用益から	150,000円	月3,000円
千葉銀行	運用益から	150,000円	月3,000円

られたものです。そのため、信託によって被後見人の財産が保全される点が最大のメリットといえます。また、親族後見人にとっても、多額の預貯金をすべて管理する責務から解放されるというメリットがあります。

　しかし裏を返せば、家庭裁判所の指示書がなければ日常必要な金銭以外は引き出すことができない不便さがあります。家庭裁判所や取り扱っている銀行が遠方にある場合などは困ることがあるかもしれません。

　そのため家庭裁判所の判断により、後見制度支援信託に代えて後見監督人を就任させることもあるようです。

52 民事信託によるサポート

Q 最近、「民事信託」が話題になっていますが、どのようなものか教えてください。

A 信託には、信託銀行のように営業として委託者から信託を受託する場合と、銀行のように事業としてではなく、委託者の親族や同族会社などが相続対策などとして信託を受託する場合があります。

営利を目的としない親族間などの信託の場合、受託者は個人でも法人でもよく、免許や登録の必要はありません。このような信託を「民事信託」といいます。

1 商事信託と民事信託の差異

信託に関する法律には「信託業法」と「信託法」の2つがあります。営業として信託を受託する場合（商事信託）には双方の規定が適用されるため、受託者は内閣総理大臣から信託業の免許や登録を受けている必要があります。

一方、営業として信託を受託しない場合（民事信託）には、信託業法で定められた免許や登録は必要なく、受託者は個人でも法人でも問題はありません。ただし、民事信託であっても信託法の規定は適用されます。

営業として信託を受託する場合とは、利益を得る目的で反復継続して信託を引き受けることをいいます。反復継続しているかについ

ては、不特定多数の委託者や受益者と取引が行われているか否かを実態に即して判断することになっています（金融審議会金融分科会第二部会「信託法改正に伴う信託業法の見直しについて」平成18年1月26日）。そのため、親族内や特定の人の間で1回限り行われる信託については営業にはあたらないものとされています。

なお、信託業の免許や登録を受けていない受託者でも、信託契約書などに記載があれば信託報酬を受けることができます。

② 信託法の改正と民事信託

信託法は大正11年に制定され、大正12年に施行されましたが、平成18年に84年ぶりに抜本的に改正されました。改正法は平成19年9月30日から施行されています。

旧法は信託濫用防止の観点から規制が強く使い勝手が悪かったこと、また、社会経済の変化に伴い信託を利用する目的が多様化してきたことなどから改正に至ったものです。

これまでは、信託といえば信託銀行などの事業者に財産を預ける商事信託が中心で、大口投資家が利用する敷居の高いものというイメージでした。しかし新法では、新たに自己信託、目的信託、事業型信託、後継ぎ遺贈型信託などが創設され、規制緩和を反映して受託者が負う義務の緩和なども盛り込まれました。

また、旧法はわずか75条の条文構成だったのに比べ、新法の条文は271条からなっています。これにより当事者の創意工夫次第で社会の様々な場面で信託が利用できるよう新しい制度が導入され、信託が活用しやすくなりました。そのため相続対策や老後の生活・介護資金の管理給付などの手段として、民事信託、特に家族間での信託が注目されています。

3 信託の概要

信託とは、財産（金銭や不動産など）を信頼できる人に託すことをいい、預かった人は、預けた人の希望に従ってその財産の管理や処分などを行います。

信託は中世ヨーロッパで生まれた制度といわれており、財産を持っている人が戦争に行くにあたって、信頼できる人に持っている財産を預けて行ったところから始まったといわれています。

信託の登場人物は、財産を預ける人（委託者）、財産を預かる人（受託者）、および預けられた財産から得られた利益を得る人（受益者）の3者となります。

●信託における3者の関係

財産が信託された場合、財産の所有権は委託者から受託者に移転し、不動産の場合には所有権移転登記が必要となります。また、同時に不動産が信託財産である旨の信託登記を行います。

信託登記が行われると、登記簿の「信託目録」に信託契約の内容が記載されます。登記簿には受益者の記載はされませんが、信託目録には受益者が誰であるかも記載されます。

4 税務における信託の取扱い

信託が設定されることにより、所有権は委託者から受託者に移転します。しかし、経済的な利益を得ているのは受益者であるため、

実質的には受益者が信託財産を有するものとして課税が行われます。よって、信託財産に係る収入や費用は受益者に帰属するものとして申告をし、消費税も受益者に帰属するものとします。

なお、法人課税信託（受益証券を発行する信託、受益者がいない信託、法人が委託者となる信託で一定の要件に該当するものなど）については、受託者が信託財産を有するものとして、受託者が個人であっても法人税が課税されます。

また、信託財産が不動産の場合、所有権の移転登記を行いますが、登記簿上の形式的な移転であるため、受託者に不動産取得税の課税はありません。同様に委託者については、形式的な譲渡であるために譲渡所得の課税もありません。

ただし、信託登記分としての登録免許税は課税されます。

53 民事信託の活用

Q 顧問先のAは現在76歳です。妻はすでに死亡しており、同居している独身の長女Bと、結婚している次女Cの2人の子供がいます。Aは土地や賃貸マンションなどを所有していますが、最近物忘れが激しいため、認知症が気になっています。

このたび、Bは体が弱く、将来、Bが亡くなった場合にはCの子供Dに財産を継がせたいとAから相談されました。Dには相続権がありませんが、遺言でBが亡くなった場合の相続まで決めておくことは可能ですか。

* * * * *

A 通常、遺言では先々の相続についての指定まではできないとされています。そのためAが遺言で決めることができるのはA自身の相続についてのみです。

ただし、信託を利用する場合には、下図のように先々の相続の方向性を決めておくことができます。

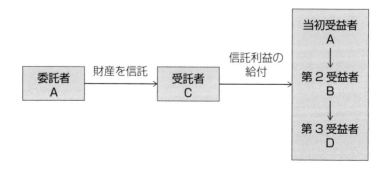

> 例えば受託者をＣ、当初受益者をＡとし、「Ａが死亡した場合にはＢを次の受益者とし、Ｂが死亡した場合にはＤをその次の受益者とする」というような信託契約の締結により、将来、Ｄに財産（受益権）を継がせることができます。

1 信託と成年後見制度の差異

　現在、日本は超高齢社会となっています。長寿に伴って病気や認知症などのリスクが高くなるため、財産を所有している高齢者のなかには、元気なうちに様々な備えをしておく人が少なくありません。

　認知症になって判断能力が低下した場合への備えとしては、判断能力があるうちに任意後見契約を結んでおくことも１つの方法として考えられます。

　しかし、判断能力が低下して実際に後見事務が開始されれば、財産は家庭裁判所の監督のもと、任意後見人の管理下に置かれることとなります。そのため、相続対策や贈与など財産を減らす行為は基本的にできなくなります。また、成年後見制度の利用は対象者が生存している間に限られていますから、死亡と同時に後見は終了してしまいます。

　これに対して信託を利用する場合には、財産の所有権は委託者から受託者に移りますので、委託者の判断能力が低下しても、受託者は委託者の希望（信託契約など）に従い財産の管理・処分などを行うことができます。また、委託者が死亡してもその効力は継続し、原則として信託が行われてから30年経過した時点まで続けることができます。

2 遺言と受益者連続型信託の差異

　遺言は、被相続人の生前の最終意思を死亡後においても尊重しようとする制度です。相続が発生した場合、相続人等は遺言に従って相続財産の所有権を取得することになります。民法上、所有権は非常に強い権利であり、所有者は取得した財産を自由に使用・収益・処分することができるとされています。そのため相続人等が所有者となる先々の相続にまで遺言で制限を加えることはできないため、遺言による指定は被相続人自身の相続についてのみ有効となります。

　これに対して信託による場合は、相続等の対象は所有権ではなく受益権となります。受益権に制限を加えることには問題がなく、先々の相続による受益権の移転についても指定を行うことができます。

　よって、信託では受益者が死亡した場合の次の受益者や先々の受益者について指定をすることが可能となります。また、受益権を取得する人として指定される人は、信託設定時にまだ生存していなくてもよく、将来生まれる孫やひ孫を指定することもできます。ただし、信託設定後30年経過時点までには存在していなければなりません。

3 税務における受益権の取扱い

　信託を活用する場合、受益権の移転に伴って税務の取扱いも以下のように変わります。

［1］信託設定時の取扱い

　信託を設定した場合には、委託者から受託者に信託財産の所有権が移転しますが、移転は形式的なものであり、回答の例のように委

託者と当初受益者が同一の場合には、課税主体の移動もないことになります。よって委託者・受託者・受益者のいずれにおいても課税関係は生じません。

　委託者と当初受益者が異なる場合には、信託設定時に委託者から受益者に受益権の贈与があったものとみなされ贈与税が課税されます。

［2］信託期間中の取扱い

　信託財産に関する資産および負債は受益者が有するものとみなされ、そこから発生する収益および費用についても受益者のものとして課税が行われます。

［3］信託期間中に受益者が死亡した場合の取扱い

　信託期間中に受益者が死亡した場合には、次の受益者が相続により受益権を取得したものとみなされ相続税が課税されます。次の受益者が一親等の血族および配偶者以外の人である場合には、相続税の2割加算が適用されます。

［4］信託の終了時の取扱い

　信託終了時の受益者と終了時の残余財産の取得者が同一の場合には、税務上の移動はなく課税関係は生じません。信託終了時の受益者と残余財産の取得者が異なる場合には贈与税が課税されます。

第6章 成年後見をサポートする新制度

54 認知症対策としての信託利用

Q 顧問先のAは80歳でまだ元気ですが、75歳の妻Bが軽い認知症になっており、AもBのように認知症になってしまう可能性を考えるようになったといいます。
先祖代々の財産はほとんどAの名義で所有しており、将来は2人の子供に確実に財産を継がせるために信託を利用したいとAから相談されました。信託を利用する場合のメリットとデメリットについて教えてください。

・・・・・・

A 信託を利用する場合には、委託者に判断能力があるうちに信託契約を締結します。委託者が認知症になったとしても、すでに信託契約を結んでいれば、受託者には不動産および金融資産などの信託財産について管理・処分する権限が与えられます。
もしAが認知症になり、成年後見人等がついた場合には、判断能力がないので家庭裁判所の監督のもとで財産の管理・処分などを行うことになります。
一方、信託を利用した場合には、法定後見を利用するよりも柔軟な財産管理を行うことが可能になります。

1 信託利用のメリット

信託を利用することで次のようなメリットが見込まれます。
- 信託契約の自由な定めにより柔軟な財産管理ができます。

- 委託者が認知症になった場合でも受託者は不動産や金融資産などを管理・処分することができます。
- 受益者の生活が安定し、快適な生活が営めます。
- 自益信託（委託者と受益者が同じ）であれば課税関係が生じません（ただし、信託財産の登録免許税と印紙税にのみ課税があります）。
- 信託財産については1回で処分できないように、処分方法に制限をかけることができます。

2 信託利用のデメリット

　信託を利用する場合、上記のようなメリットがある一方、次のような点には注意する必要があります。

- 成年後見制度における成年後見人等は、財産管理や身上監護を職務として行うことができます。一方、信託における受託者は信託財産の管理・処分のみを職務としているために身上監護への対応はできないので、身上監護が必要とされる場合には、法定後見も申し立てる必要があります。
- 信託は財産管理の手法であって節税目的の手法ではありませんから、受益者に課税が行われます。
- 受益者が死亡して相続人が存在しなくなったとしても、信託が終了しない限り信託の課税（法人課税信託）は続きます。この場合、法人課税信託として取り扱われ、所得税のみなし譲渡課税、法人税の受贈益課税、信託財産から生じる所得に係る法人税課税など様々な課税が生じてきます。
- 所有する不動産のなかに信託している不動産と信託していない不動産がある場合、どちらかの不動産所得に赤字があったときでも、両者間での損益通算や純損失の繰越控除ができません。

II 成年被後見人等を支える制度

55 成年後見制度利用促進法の創設

Q 成年後見制度に関する新しい法律ができたと聞きましたが、どのようなものですか。

A 平成28年5月13日、「成年後見制度の利用の促進に関する法律」(成年後見制度利用促進法)が施行されました。これまで4つの法律から構成されていた成年後見制度において基本法として位置付けられる法律です。

1 成年後見制度利用促進法の意義

　平成22年に横浜で開催された「第1回成年後見法世界会議」で「成年後見制度に関する横浜宣言」が採択されました。このなかで、当時の日本の成年後見制度が抱える問題が指摘され、解決のために「公的支援システムの創設」が提案されました。これを受けて関係者の6年にわたる努力の末に同法が施行されました。

　それまでは成年後見制度の内容は民法、任意後見契約に関する法律など4つの法律に分かれて規定されていたものの、統一的な理念や国の果たすべき役割を規定する法律はありませんでした。この新しい法律は、そのような成年後見制度の基本理念を明確に謳い、関

連する法律を統一して機能させる働きをします。

同法1条の「目的」で、①精神的な障がいがある人を社会全体で支え合うことが高齢社会における喫緊の課題であること、その一方で、②成年後見制度が十分に利用されていないことに鑑み、③制度の利用促進について基本理念や国の責務を明らかにし、基本方針を定め、④成年後見制度利用促進会議および成年後見制度利用促進委員会を設置するとしています。

2 成年後見制度利用促進法の基本理念および基本方針

基本理念として同法3条に次の3つの項目があげられています。
- 成年後見制度の理念（Q1参照）の尊重
- 地域の需要に対応した成年後見制度の利用の促進
- 成年後見制度の利用に関する体制の整備

この基本理念に沿って、「成年後見制度の利用者の権利利益の保護に関する国際的動向を踏まえる」との具体的な基本方針が定められました。その主な内容は以下のとおりです。

[1] 保佐・補助類型の利用促進

成年被後見人等の残存能力の活用や権利擁護の観点からは、保佐・補助類型を利用するほうが後見類型より望ましいとされています。ところが日本では後見類型の利用者が全体の約8割を占めています。国連の障害者権利条約などの国際的な動向も踏まえて、保佐・補助類型の利用促進を図ることとされました。

[2] 成年被後見人等の権利制限の見直し

かつては成年被後見人等の選挙権は剥奪されていましたが、平成25年7月からは認められるようになりました。しかし一方で、現在も税理士にはなれないなど、いわゆる欠格条項が多くの法律に

残っています。こうした権利制限について全面的な見直しを行うことになりました。

[3] 医療・介護支援のあり方の検討

現行法では、成年後見人等には医療同意の権利はありません。しかし、現実にはそのことが成年被後見人等に適切な医療を受けさせるための障壁となる場合もあります。そのために今後は検討を重ねて必要な改善を進めることになりました。

[4] 成年後見人等の死後事務の範囲の見直し

これまでは、任意後見契約とともに死後事務委任契約を締結している場合以外は、成年被後見人等の死亡と同時に後見事務は終了するものとされていました。

しかし、現実には身寄りのない成年被後見人等の火葬などは誰がするのかといった問題が起きています。そのため、この法律の成立に伴って民法が改正され、成年後見人等が行える死後事務の範囲が定められました。

[5] 地域における成年後見人等の人材育成、報酬助成などの支援

市区町村長が積極的に申立てをすること、地域において成年後見人等となる人材を確保するため、成年後見人等への報酬助成などの支援を充実させることといった、地域においての施策が定められました。この他にも成年後見等実施機関の整備や、家庭裁判所・関係行政機関・地方公共団体の人的整備などが盛り込まれています。

3 実際に何が変わるか

この法律で成年後見制度に対する国の関わりが明文化されました。内閣府に成年後見制度利用促進会議が置かれ、成年後見制度全

体を動かしていく仕組みができたのです。また、内閣府に有識者で構成する成年後見制度利用促進委員会が置かれ、総理大臣・各大臣に直接建議できることになりました。

その他にも、たとえば以下のようなことが可能になりました。

① 市区町村の役割が強化されたことで、次のように地域における成年後見制度への取組みの充実が期待されます。
- 市民後見人の育成・活用が進むこと
- 市区町村長による申立てが増加すること
- 報酬助成制度が充実すること
- 専門職後見人などの活用が進むこと　　等

② 「成年後見等実施機関」が定義され、自ら成年後見人等になったり、成年後見人等やその候補者の育成・支援を行う団体である成年後見関連事業者(介護・医療・金融関係の事業者など)との緊密な連携の努力義務が定められました。

③ この法律の制定に伴う民法の改正により次のことが可能となりました。
- 郵便物等の回送嘱託申立書 **Web** や郵便物等の回送嘱託取消し・変更申立書 **Web** を提出することで成年被後見人等宛の郵便物を成年後見人等宛に配達してもらうことができることになりました。
- これまで成年後見人等の事務の範囲には含まれなかった、いわゆる死後事務のうち、火葬・埋葬や弁済期の到来した債務の支払いなどについては成年後見人等ができることになりました。

以上のように、成年後見制度利用促進法が制定されたことから、各税理士会なども対応を迫られることになります。

56 障害者総合支援法の改正

Q 障害者総合支援法について教えてください。また、この法律によって受けられる障害福祉サービスについても教えてください。

A 障害者総合支援法は、平成25年４月、地域社会における共生の実現に向けて、障害福祉サービスの充実など障がい者の日常生活および社会生活を総合的に支援するため、新たな障害保健福祉施策を講ずる趣旨で施行され、平成30年４月には改正法が施行されます。

1 障害者総合支援法の趣旨

　従前の障害者自立支援法からの変更点として、障がい者の範囲に難病などが追加されたほか、障がい者に対する支援の拡張が図られました。この結果生まれた障害者総合支援法は、施行から３年後に見直すことが付則に規定されていたことから平成28年５月に改正法案が成立し、６月に公布されました。改正後の法律は平成30年４月１日に施行されます。

　改正の趣旨は、「障害者が自らの望む地域生活を営むことができるよう、『生活』と『就労』に対する支援の一層の充実や高齢障害者による介護保険サービスの円滑な利用を促進するための見直しを行うとともに、障害児支援のニーズの多様化にきめ細かく対応するための支援の拡充を図るほか、サービスの質の確保・向上を図るための環境整備等を行う」というものです。

56　障害者総合支援法の改正

●障害者の日常生活及び社会生活を総合的に支援するための法律及び児童福祉法の一部を改正する法律（概要）

趣　旨

　障害者が自らの望む地域生活を営むことができるよう、「生活」と「就労」に対する支援の一層の充実や高齢障害者による介護保険サービスの円滑な利用を促進するための見直しを行うとともに、障害児支援のニーズの多様化にきめ細かく対応するための支援の拡充を図るほか、サービスの質の確保・向上を図るための環境整備等を行う。

概　要

1．障害者の望む地域生活の支援
　(1)　施設入所支援や共同生活援助を利用していた者等を対象として、定期的な巡回訪問や随時の対応により、円滑な地域生活に向けた相談・助言等を行うサービスを新設する（自立生活援助）
　(2)　就業に伴う生活面の課題に対応できるよう、事業所・家族との連絡調整等の支援を行うサービスを新設する（就労定着支援）
　(3)　重度訪問介護について、医療機関への入院時も一定の支援を可能とする
　(4)　65歳に至るまで相当の長期間にわたり障害福祉サービスを利用してきた低所得の高齢障害者が引き続き障害福祉サービスに相当する介護保険サービスを利用する場合に、障害者の所得の状況や障害の程度等の事情を勘案し、当該介護保険サービスの利用者負担を障害福祉制度により軽減（償還）できる仕組みを設ける
2．障害児支援のニーズの多様化へのきめ細かな対応
　(1)　重度の障害等により外出が著しく困難な障害児に対し、居宅を訪問して発達支援を提供するサービスを新設する
　(2)　保育所等の障害児に発達支援を提供する保育所等訪問支援について、乳児院・児童養護施設の障害児に対象を拡大する
　(3)　医療的ケアを要する障害児が適切な支援を受けられるよう、自治体において保健・医療・福祉等の連携促進に努めるものとする
　(4)　障害児のサービスに係る提供体制の計画的な構築を推進するため、自治体において障害児福祉計画を策定するものとする
3．サービスの質の確保・向上に向けた環境整備
　(1)　補装具費について、成長に伴い短期間で取り替える必要のある障害児の場合等に貸与の活用も可能とする
　(2)　都道府県がサービス事業所の事業内容等の情報を公表する制度を設けるとともに、自治体の事務の効率化を図るため、所要の規定を整備する

第6章　成年後見をサポートする新制度

> **施行期日**
>
> 平成30年4月1日（2.(3)については公布の日（平成28年6月3日））

●地域社会における共生の実現に向けて新たな障害保健福祉施策を講ずるための関係法律の整備に関する法律の概要

> **趣　旨**　　　　　　　　　　　（平成24年6月20日成立、同年6月27日公布）
>
> 　障がい者制度改革推進本部等における検討を踏まえて、地域社会における共生の実現に向けて、障害福祉サービスの充実等障害者の日常生活及び社会生活を総合的に支援するため、新たな障害保健福祉施策を講ずるものとする。

> **概　要**
>
> 1．題名
> 　「障害者自立支援法」を「障害者の日常生活及び社会生活を総合的に支援するための法律（障害者総合支援法）」とする。
> 2．基本理念
> 　法に基づく日常生活・社会生活の支援が、共生社会を実現するため、社会参加の機会の確保及び地域社会における共生、社会的障壁の除去に資するよう、総合的かつ計画的に行われることを法律の基本理念として新たに掲げる。
> 3．障害者の範囲（障害児の範囲も同様に対応。）
> 　「制度の谷間」を埋めるべく、障害者の範囲に難病等を加える。
> 4．障害支援区分の創設
> 　「障害程度区分」について、障害の多様な特性その他の心身の状態に応じて必要とされる標準的な支援の度合いを総合的に示す「障害支援区分」に改める。
> 　※　障害支援区分の認定が知的障害者・精神障害者の特性に応じて行われるよう、区分の制定に当たっては適切な配慮等を行う。
> 5．障害者に対する支援
> 　① 重度訪問介護の対象拡大（重度の肢体不自由者等であって常時介護を要する障害者として厚生労働省令で定めるものとする）
> 　② 共同生活介護（ケアホーム）の共同生活援助（グループホーム）への一元化
> 　③ 地域移行支援の対象拡大（地域における生活に移行するため重点的な支援を必要とする者であって厚生労働省令で定めるものを加える）
> 　④ 地域生活支援事業の追加（障害者に対する理解を深めるための研修や啓発を行う事業、意思疎通支援を行う者を養成する事業等）
> 6．サービス基盤の計画的整備
> 　① 障害福祉サービス等の提供体制の確保に係る目標に関する事項及び地域生活支援事業の実施に関する事項についての障害福祉計画の策定

② 基本指針・障害福祉計画に関する定期的な検証と見直しを法定化
③ 市町村は障害福祉計画を作成するに当たって、障害者等のニーズ把握等を行うことを努力義務化
④ 自立支援協議会の名称について、地域の実情に応じて定められるよう弾力化するとともに、当事者や家族の参画を明確化

施行期日

平成25年4月1日（ただし、4.及び5.①〜③については平成26年4月1日）

検討規定
（障害者施策を段階的に講じるため、法の施行後3年を目途として、以下について検討）

① 常時介護を要する障害者等に対する支援、障害者等の移動の支援、障害者の就労の支援その他の障害福祉サービスの在り方
② 障害支援区分の認定を含めた支給決定の在り方
③ 障害者の意思決定支援の在り方、障害福祉サービスの利用の観点からの成年後見制度の利用促進の在り方
④ 手話通訳等を行う者の派遣その他の聴覚、言語機能、音声機能その他の障害のため意思疎通を図ることに支障がある障害者等に対する支援の在り方
⑤ 精神障害者及び高齢の障害者に対する支援の在り方
※上記の検討に当たっては、障害者やその家族その他の関係者の意見を反映させる措置を講ずる。

（出所） 厚生労働省ホームページ

2 障害福祉サービスと地域生活支援事業

　障がい者が利用できるサービスには、障がいの程度や社会活動や介護者、居住などの障がいがある人の状況をふまえ、個別に支給決定が行われる「障害福祉サービス」と、市区町村と都道府県が創意工夫により独自に実施する「地域生活支援事業」があります。
　障害福祉サービスは、介護の支援を受ける場合には「介護給付」、訓練などの支援を受ける場合は「訓練等給付」に位置付けられ、それぞれ利用の際のプロセスが異なります。
　なお、サービスには期限のあるものと期限のないものがあります

213

が、期限があるものでも必要に応じて支給決定の更新・延長は一定程度可能です。

　地域生活支援事業は、障がいのある人が自立した日常生活または社会生活を営むことができるよう、地域の特性や障がいのある人自身の状況に応じて柔軟な形態により事業を計画的に実施されます。この事業は、障がいのある人の福祉の増進を図るとともに、すべての国民が相互に人格と個性を尊重し、安心して暮らすことのできる地域社会の実現に寄与することを目指しています。

参考資料

〈書籍等〉
- 赤沼康弘・池田惠利子・松井秀樹 編『Q&A 成年後見実務全書〈第1巻〉総論、法定後見1』民事法研究会（2015）
- 赤沼康弘・池田惠利子・松井秀樹 編『Q&A 成年後見実務全書〈第2巻〉法定後見2』民事法研究会（2015）
- 赤沼康弘・池田惠利子・松井秀樹 編『Q&A 成年後見実務全書〈第3巻〉法定後見3』民事法研究会（2016）
- 赤沼康弘・池田惠利子・松井秀樹 編『Q&A 成年後見実務全書〈第4巻〉法定後見4、任意後見』民事法研究会（2016）
民事法研究会（2015）
- 池田惠利子・いけだ後見支援ネット 編『エピソードで学ぶ成年後見人──身上監護の実際と後見活動の視点』民事法研究会（2010）
- 池田惠利子・いけだ後見支援ネット 編『エピソードで学ぶ成年後見人〈Part2〉虐待等対応と後見活動の視点』民事法研究会（2014）
- 上山泰『専門職後見人と身上監護〔第3版〕』民事法研究会（2015）
- 公益社団法人成年後見センター・リーガルサポート 編『後見六法〔2016年版〕』民事法研究会（2016）
- 公益社団法人成年後見センター・リーガルサポート 編著『成年後見教室 課題検討編〔2訂版〕』日本加除出版（2010）
- 公益社団法人成年後見センター・リーガルサポート 編著『成年後見教室 実務実践編〔2訂版〕』日本加除出版（2012）
- 松川正毅 編『成年後見における死後の事務 事例にみる問題点と対応策』日本加除出版（2011）
- 東京弁護士会相続・遺言研究部 編『実務解説 相続・遺言の手引き』日本加除出版（2013）
- 片岡武・金井繁昌・草部康司・川端晃一『第2版 家庭裁判所における成年後見・財産管理の実務成年後見人・不在者財産管理人・遺産管理人・相続財産管理人・遺言執行者』日本加除出版（2014）
- 公益社団法人成年後見センター・リーガルサポート 編『成年後見監督人の手引き』日本加除出版（2014）
- 遠藤英嗣『高齢者を支える 市民・家族による 新しい地域後見人制度』日本加除出版（2015）
- 公益社団法人成年後見センター・リーガルサポート 編『任意後見実務マニュアル Q&Aと契約条項例』新日本法規出版（2007）
- 公益社団法人成年後見センター・リーガルサポート 編『成年後見相談対応

の実務－チェックポイントとケーススタディー』新日本法規出版（2014）
- 大蔵財務協会 編『相続法に強くなる58の知識』大蔵財務協会（2001）
- 池畑芳子・小林猪二『成年後見人制度の実務と税理士』大蔵財務協会（2009）
- 右山昌一郎 監修／池畑芳子・宮田房枝・川端重夫『これだけは知っておきたい 成年後見・信託・年金制度』大蔵財務協会（2015）
- 村田恒夫・阿野順一・池宗佳名子『遺言に関する法律相談―残された人々への愛のメッセージ』法学書院（2011）
- 村田恒夫・阿野順一・池宗佳名子『相続・遺産分けの法律相談―骨肉の争いを避けるために』法学書院（2014）
- 山本修・冨永忠祐・清水恵介『任意後見契約書の解説と実務』三協法規出版（2014）
- 公益社団法人成年後見センター・リーガルサポート 監修／松井秀樹 他『これで安心！成年後見上手な利用法』中央経済社（2000）
- 中川善之助・加藤永一『新版 注釈民法(28) 相続（3）補訂版』有斐閣（1988）
- 本田桂子『思いが通じる遺言書と生前三点契約書のつくり方』日本実業出版社（2008）
- 本田桂子『エンディングノートのすすめ』講談社現代新書（2012）
- 大阪弁護士会遺言・相続センター 編『遺言相続の落とし穴』大阪弁護士協同組合（2013）
- 高岡信男『相続・遺言の法律相談』学陽書房（2014）
- 東京弁護士会弁護士研修センター運営委員会 編『相続関係事件の実務―寄与分・特別受益、遺留分、税務処理―』ぎょうせい（2015）
- 東京家裁後見問題研究会 編著「後見の実務」『別冊判例タイムズ』（36号）、判例タイムズ社（2013）
- 吉田夏彦「成年後見人による議決権行使の問題点」『政教研紀要』（第27号）
- 望月真由美「『公益信託 成年後見助成基金』の現状と成年後見費用助成等制度」『月報司法書士』（2009年2月号）、日本司法書士会連合会
- 全国女性税理士連盟「任意後見ハンドブック～あなたらしく生きるために～」

〈Web〉
- 裁判所ホームページ「最高裁判所」
- 裁判所ホームページ「東京家庭裁判所」
- 裁判所ホームページ「東京家庭裁判所 任意後見監督人選任の申立てをされる方へ」
- 裁判所ホームページ「成年後見申立ての手引（平成28年4月版）」
- 裁判所ホームページ「後見制度において利用する信託の概要」

- 厚生労働省ホームページ「介護保険制度の概要」
- 厚生労働省ホームページ「障害者総合支援法施行３年後の見直しについて～社会保障審議会 障害者部会 報告書～」
- 厚生労働省ホームページ「障害者の日常生活及び社会生活を総合的に支援するための法律及び児童福祉法の一部を改正する法律について」
- 国税庁ホームページ「タックスアンサー」
- 内閣府ホームページ「成年後見制度利用促進委員会」
- 内閣府ホームページ「「成年後見制度利用促進基本計画の案」に盛り込むべき事項に関する意見募集について」
- 内閣府ＮＰＯホームページ「特定非営利活動法人 制度のしくみ」
- 川崎市ホームページ「知っていますか？ 成年後見制度」
- 京都市ホームページ「障害者総合支援法 障害福祉サービス等のしおり」
- 信託協会ホームページ「後見制度をバックアップ 後見制度支援信託」
- 千葉銀行ホームページ「『ちばぎん後見制度支援信託』の取扱開始について」
- 三井住友信託銀行ホームページ「後見制度支援信託」
- 三菱ＵＦＪ信託銀行ホームページ「後見制度支援信託のしくみ」
- りそな銀行ホームページ「後見制度支援信託」
- みずほ信託銀行ホームページ「財産承継信託（後見制度支援信託タイプ）」
- ＮＰＯ法人湘南鎌倉後見センターやすらぎホームページ
- 公益社団法人 成年後見センター・リーガルサポートホームページ
- 全国社会福祉協議会ホームページ「障害福祉サービスの利用について」
- 独立行政法人福祉医療機構ホームページ「福祉・保健・医療情報 - WAMNET（ワムネット）」
- 日本税理士会連合会ホームページ「税理士のための成年後見ガイドブック～制度概要の理解～」
- 全国社会福祉施設経営者協議会ホームページ「ここが知りたい!! 社会福祉法人・なんでも質問箱 なるほど、納得 Q&A」
- 東京大学政策ビジョン研究センター・市民後見研究実証プロジェクトホームページ

全国女性税理士連盟

◆女税連の魅力
1. さまざまな研究活動や研修会を通して、税理士個人としての資質向上を積極的に支援しています。
2. 会員同士の親睦が深まり、税理士間でのネットワークが大きく広がります。
3. 女性税理士の視点に立った税制や法改正など、豊富な活動実績があります。

執筆者

池畑 芳子	西澤 小百合
伊藤 佳江	林 繁里
奥田 よし子	前岡 照紀
小林 美智子	俣野 玲子
酒井 興子	宮野 文子
榊原 志づか	村上 洋子
佐藤 はるみ	山田 由美子
谷野 芳枝	吉田 正子
鉄川 さえ子	

税理士だからサポートできる！成年後見ハンドブック

2017年3月15日　発行

編著者	全国女性税理士連盟 Ⓒ
発行者	小泉 定裕
発行所	株式会社 清文社　東京都千代田区内神田1-6-6（MIFビル） 〒101-0047　電話03(6273)7946　FAX03(3518)0299 大阪市北区天神橋2丁目北2-6（大和南森町ビル） 〒530-0041　電話06(6135)4050　FAX06(6135)4059 URL http://www.skattsei.co.jp/

印刷：奥村印刷㈱

■著作権法により無断複写複製は禁止されています。落丁本・乱丁本はお取り替えします。
■本書の内容に関するお問い合わせは編集部までFAX（03-3518-8864）でお願いします。
■本書の追録情報等は、当社ホームページ（http://www.skattsei.co.jp）をご覧ください。

ISBN978-4-433-63247-2

データベース税務問答集
税navi
zei-navigation

書籍の発刊に合わせて収録内容を随時更新。
実務に必要な情報を即座に検索！

◆年間利用料 18,000円+税

基本から難解な疑問まで、各税目の実務取扱いを解説した税務問答集(全8点)の内容すべてをデータベース化し、横断的な検索機能、読みやすいレイアウトでの表示や印刷機能などを備えた事例Q&Aのオンラインツールです。
収録内容は改訂書籍の発刊に合わせて随時更新、また蓄積されていく過去のQ&Aの参照も簡単。

収録書籍
- ○法人税事例選集
- ○所得税実務問答集
- ○消費税実務問答集
- ○個人の税務相談事例500選
- ○減価償却実務問答集
- ○源泉所得税の実務
- ○資産税実務問答集
- ○印紙税ハンドブック

税navi Plus

1. 「データベース税務問答集"税navi"」
2. 「Web版 税務手引書フルセット」
3. Digital book「税制改正 Archives」
4. 週刊Web情報誌「Profession Journal」

◆年間利用料 32,000円+税

人気の4つのデジタル商品を組み合わせたセットプラン。

プロの実務をサポートする[週刊]税務・会計Web情報誌

プロフェッションジャーナル
Profession Journal

| 税務・会計 | 労務・法務・経営 | 読み物 | 速報解説 | 新着情報 |

税務・会計を中心に、労務・法務・経営といった幅広いジャンルの最新情報・実務に役立つ情報をお届けする[週刊]Web情報誌です。■年間購読料／15,000円+税

(発行元 株式会社プロフェッションネットワーク／販売代理店 株式会社 清文社)

お申し込み方法・詳細は清文社ホームページよりご確認ください。
http://www.skattsei.co.jp/